KB164674

현실을 바꾸는 내면의 비밀

내 인생의 날개를 펼쳐라

현실을 바꾸는 내면의 비밀
내 인생의 날개를 펼쳐라

초판 1쇄 발행 2016년 10월 01일
초판 2쇄 발행 2020년 03월 05일

지은이 이영현
펴낸이 류태연

펴낸곳 렛츠북
주소 서울시 마포구 독막로 3길 28-17, 3층(서교동)
등록 2015년 05월 15일 제2018-000065호
전화 070-4786-4823 **팩스** 070-7610-2823
이메일 letsbook2@naver.com **홈페이지** http://www.letsbook21.co.kr

ISBN 979-11-6054-002-4 03180

* 이 책은 저작권법에 따라 보호를 받는 저작물이므로 무단 전재 및 복제를 금지하며,
  이 책 내용의 전부 및 일부를 이용하려면 반드시 저작권자와 도서출판 렛츠북의
  서면동의를 받아야 합니다.
* 이 도서의 국립중앙도서관 출판예정도서목록(CIP)은 서지정보유통지원시스템
  홈페이지(http://seoji.nl.go.kr)와 국가자료공동목록시스템(http://www.nl.go.kr/
  kolisnet)에서 이용하실 수 있습니다. (CIP제어번호 : CIP2016023389)
* 잘못된 책은 구입하신 서점에서 바꾸어 드립니다.

현실을 바꾸는 내면의 비밀

내 인생의
날개를 펼쳐라

이영현 지음

렛츠
BOOK

추천하는 글

이 책은 작가 이영현(이하 닉네임 '핑크돌고래')이 자신의 깊은 내면의 잠재의식인 '케오라'와 오랜 정화와 소통 과정에서 얻게 된, 우리 삶과 인생에 관한 통찰이 담긴 메시지들을 기반으로 하고 있습니다. 이 책에 등장하는 '케오라'라는 이름은 그녀가 자신의 깊은 내면이자 '영감'의 원천인 잠재의식에게 직접 붙여준 이름입니다.

'잠재의식(어떤 이름으로 부르건)'은 우리 각자의 깊은 곳에 있는 진정한 자신이며, 순수한 존재입니다. 아울러 잠재의식은 우리 각자의 인생을 움직일 수 있는 열쇠를 쥐고 있는 장본인이기도 하며, 무한한 세상으로 통하는 '출입문'의 역할을 하기도 합니다.

이 추천서를 쓰고 있는 필자는 오래전 이 책의 저자인 '핑크돌고래'님의 의식에게 단지 '최면'이라는 하나의 도구를 활용하는 법을 가르쳐주었을 뿐이지만, 핑크돌고래님의 잠재의식인 '케오라'는 필자에게 그보다 훨씬 큰 삶에 대한 통찰과 의식의 확장을 선물로 주었습니다. 물론이러한 일련의 과정들 또한 저라는 현재의식을 향한 제 잠재의식의 의도였는지도 모릅니다.

필자는, 지금 이 책을 손에 쥐고 있는 독자들 중에 상당수도 의식적으로 인지하건 하지 않건, 적절한 시기에 적절한 방식으로 자신의 메시지를 현재의식에게 전달하고자 하는 여러분의 잠재의식의 의도일 것이라믿습니다.

핑크돌고래님은 이 책에서 케오라로부터 받았던 깊이 있는 메시지들을 대중들에게 전혀 어렵지 않게, 쉬운 이야기로 풀어내고 있습니다. 이 메시지들 속에는 우리의 에고(Ego)들이 간과하거나 무시하기 쉬운, 삶이라는 여정에서 필요한 수많은 통찰들이 녹아 있습니다. 그리고 여기에는 인생을 바꿀 수 있는 귀중한 열쇠들 또한 포함되어 있습니다.

똑같이 유복한 가정에서 맨몸으로 태어난 사람이라도 누군가는 늘 힘들고 정체되고 실패하는 인생을 경험하지만, 또 다른 누군가는 늘 행복하고 무엇을 하건 술술~ 풀리는 인생을 경험합니다. 과연 그들의 차이가 무엇일까요?

그들이 믿고 있는 종교나 신이 달라서일까요? 아니면 의지력의 차이일까요?

이도 저도 아니라면 단지 운이 나빴거나, 반대로 운이 좋아서일까요?

이 책은 그러한 문제로 고민을 해보았거나 내 인생의 진정한 주인이 되고자 하는 우리들에게 훌륭한 가이드 역할을 해줄 것입니다.

이미 핑크돌고래님의 앞선 시리즈들과 전작의 '케오라'로부터 온 메시지들을 통해 수많은 사람들이 영감과 통찰을 얻었으며, 많은 사람들이 그들 스스로 이 글들이 자신의 정화와 소통의 길에 등불과 같은 길잡이 역할이 되어왔다고 말하고 있습니다. 그리고 실제로 현실 속에서 수많은 변화들을 체험했다고 말하고 있습니다.

핑크돌고래님의 전작인 ≪내 인생의 호오포노포노 : 천사들이 들려주는 이야기≫가 케오라의 메시지를 마치 동화를 읽듯 감성적으로 풀어냈다면, 이 책에서는 그러한 내면의 메시지뿐만 아니라, 우리의 에고(Ego) 차원의 이해를 돕기 위해 약간은 다른 각도에서 우리의 인생과 현실을 창조하는 원리에 대해 쉽고 재미있게 풀어내고 있습니다. 또한, 정화와 소통의 도구적인 측면에서 호오포노포노의 정화법과 최면적인 접근에 대해서도 함께 소개하고 있습니다.

따라서 이 책은 전작인 ≪내 인생의 호오포노포노 : 천사들이 들려주는 이야기≫와 ≪내 아이를 위한 정화≫를 읽지 않은 독자라 하더라도 충분한 설명과 함께 쉽고 재미있게 읽을 수 있는 책입니다.

필자는 한때, 핑크돌고래님의 전작을 비롯한 이야기들에 간간이 등장하는 동물이나 생물, 사물과의 소통 부분에 대해, 그간 우리가 배운 지식과 일반적인 틀 속에서 언뜻 이해하기가 어려웠습니다. 그러나 시간이 지나면서 자연스레 그것의 원리와 의미를 알게 되었습니다. 이러한 의인화된 사물이나 자연과의 소통 부분에 대해 이해하기 위해서는 소통이나 교감에 대한 더 깊은 이해가 필요할 수 있습니다.

양자물리학에 의하면 우리라는 존재는 세상을 관찰하는 관찰자이면서, 동시에 그 관찰대상이 포함된 전체의 일부이기도 합니다. 즉, 모든 소통에서 그 대상은 관찰자의 영향을 받지 않을 수 없다는 것이기도 합니다.

대부분 우리는 무의식 속의 경험과 기억, 과거의 패턴, 즉 특정한 필터를 통해 세상을 바라보고 판단합니다. 우리의 의식이 세상을 바라본다고 생각하지만, 사실 대부분 우리는 있는 그대로의 사물을 바라보는 것이 아니라 경험과 기억의 눈을 통해 세상을 바라보는 것입니다. 그리고 그 관찰의 대상은 곧 그러한 결과로 나에게 반응합니다.

즉, 세상은 우리 내면의 거울인 셈입니다. 이것은 의식적으로 이루어지는 것이 아니라 무의식적으로 이루어집니다.

동물이나 사물과의 소통 또한 마찬가지입니다.

우리는 사물과 교감할 때 본능적으로 내부의 필터를 통해 대상을 바라봅니다. 그러니 우리가 보고, 듣고, 느끼는 오감의 채널을 넘어선 정보들은 없다고 인식하는 것입니다.

그러나 기억의 눈이 아닌, 내 내면이 투영되지 않는 순수함의 눈으로 사물을 바라본다면, 기억과 판단, 편협된 시각이 투영된 대상이 아닌, 그 대상이 지닌 순수한 에너지를 느낄 수 있을 것입니다.

모든 사물들에는 다양한 에너지들이 서려 있습니다. 우리 역시 마찬가지입니다. 우리는 인식하든 하지 않든 각자의 무의식으로부터 다양한 종류의 에너지들을 방출하고 있습니다.

과연 여러분이 무의식적으로 방출하고 있는 '그것'은 무엇일까요?

진정한 소통의 비밀은 내면의 필터 속에 갇히지 않는 것에 있습니다. 그것이 바로 핑크돌고래님이 여러 동물들을 넘어 바다와 산, 사물과 소통할 수 있는 이유입니다. 혹자는 이러한 부분을 특수한 사람만 가지고 있는 싸이코메트리 능력이나 애니멀 커뮤니케이터, 초능력 등으로 제한할지 모르지만, 이렇게 농도 짙은 자신의 필터에서 벗어나 순수해질 수 있는 능력은 우리 누구에게나 있으며 그런 신비해 보이는 능력은 정화와 소통 과정에서 경험하는 부수적인 부분일 뿐인 것입니다.

핑크돌고래님이 누군가를 또는 어떤 대상을 정화할 때는 기억과 심층의 눈에 의존하지 않습니다. 순수함의 눈, 즉 케오라의 눈으로 그 대상을 바라볼 때 그 대상으로부터 다양한 메시지와 정보들을 얻을 수 있는 것입니다.

이따금 필자는 실제로 핑크돌고래님이 누군가를 처음 만날 때, 상대방에 대한 아무런 사전 정보가 없었음에도 정화작업만으로 그 사람의 깊은 내면으로부터 특정한 정보들을 얻게 되는 매우 놀라운 장면을 여러 번 목격한 적이 있습니다. 그럼에도 불구하고 그녀는 상대방에게 자칫 불필요한 영향을 주거나 오해를 줄 수 있고, 본인이 타인의 인생 여정에 관여할 자격이 없다는 이유로, 특별한 경우가 아니라면 그 상대방에 대한 정보를 입 밖으로 꺼내지 않았습니다.

필자가 접했던 개인적인 지인이나 이 분야의 유명인들 중 핑크돌고래님은 이런 수준의 순수함에 가까운 눈으로 대상을 정화하고 소통할 수 있는 거의 유일한 사람인 듯합니다. 필자가 만났던 이 계통의 많은 사람들이 자신의 심층의식 속의 메시지나 소통을 잠재의식적 소통으로 오해하고 있는 경우가 많았기 때문입니다.

이 모든 것을 과학적이고 논리적인 방식으로 증명한다는 것은 어렵거나 불가능한 것일지도 모르지만, 잠재의식과의 소통을 통한 그 결과는 우리 앞에 펼쳐지는 현실을 통해 알 수 있을 것입니다.

필자의 전문 분야인 최면 분야, 그중에서도 특히, '최면상담' 영역에서 핑크돌고래님이 보여주는 발군의 결과물들 또한 그러한 잠재의식적 소통의 결과물입니다. 이는 단순히 기계적인 프로세스나 프로토콜을 배워서 할 수 있는 수준을 뛰어넘는 것입니다. 왜냐하면, 상담 또한 하나의 소통의 일환이기 때문입니다.

필자는 국내외를 막론한 수많은 최면상담 분야의 전문가들을 알고 있지만, 이 정도 수준의 깊이 있고 영속적인 변화를 끌어낼 수 있는 전문가는 손가락에 꼽을 정도입니다.

이렇듯 정화와 소통의 중요성은 결코 간과될 수 없습니다. 이것은 비단 최면 분야에 국한된 것은 아닐 것입니다. 어떠한 분야에서 어떠한 도구를 사용하건 그 자체로는 금방 한계에 도달할 수 있지만, 그것을 활용하는 사람에 따라 그것의 가치는 완전히 달라질 수 있는 것입니다.

우리의 물리적인 '뇌'로 우주나 의식 전반을 논리적인 측면에서 이해하려 한다면 그것은 불가능에 가까울 것입니다. 그리고 부분이 전체를 이해한다는 것 또한 어쩌면 어려운 이야기일지도 모릅니다. 전체를 알아가려 함에 앞서 자신의 모습과 자신의 인생에 대해서부터 알아야 함이 더 앞선 과제일 것입니다. 그것이 모든 변화의 기반이기 때문입니다.

이 책은 도를 닦거나 영성을 추구하는 사람들만을 위한 책이 아닙니다. 이것은 누구나 우리의 일상생활 속에서 겪는 생생한 현실과 관련된 이야기입니다.

지금껏 지도 한 장 없는 인생이란 항해를 이리저리 흘러왔다면, 이제 각자의 잠재의식을 인식함으로써 자신 본래의 목적을 따라가기를 바랍니다. 노력하지 않아도 자연스럽게 자신의 진짜 목적지로 달려가는 그 열차에 탑승하기를 바랍니다.

여러분은 이 책에서 바로 그 열차의 '티켓'을 발견할 수 있을 것입니다.

문 동 규

ABH(미국 최면치료 협회) 마스터 최면 트레이너

파츠 테라피, 메즈머리즘 트레이너

울트라 뎁스® 한국지부장/ UD 에듀케이터

한국 현대최면 마스터 스쿨 원장

저서 :《의식을 여는 마스터키, 최면 : 메즈머리즘에서 울트라 뎁스®까지》

프롤로그 |

'시크릿'이 맺어준 인연, '호오포노포노'

오래전의 어느 날 아침, 인터넷으로 주문한 책 한 권이 도착했습니다. 그 책은 그해 신간으로 소개되었던 그 이름도 낯선 ≪호오포노포노의 비밀≫이라는 책이었습니다.

'호오포노포노? 도대체 그게 뭐지? 주문 같은 것인가?'

원하는 것을 이룰 수 있다는 ≪시크릿≫이라는 책에 자극받고 열심히 실천을 해보았지만 제대로 되지 않아 실망하고 있던 저에게, 이 책이라면 부족한 그 무엇을 채워줄지도 모른다는 막연한 기대감으로 사게 된 책입니다. 그리고 이 책의 공동 저자 중의 한 명이 '시크릿' 영화로 유명해진, '조 바이텔'이라는 사실에 더 신뢰가 가기도 했습니다.

책 속에 소개된 호오포노포노를 간략하게 표현한다면 다음과 같습니다. '호오포노포노'란 고대 하와이인들의 문제 해결법이라고 합니다. 현실의 문제를 일으키고 있는 내부의 기억 및 에너지를 바로잡음으로써 그 문제를 해결할 수 있다는 것입니다.

실제로 '호오'라는 뜻은 하와이어로 '원인'이라는 것이고, '포노포노'라는 단어의 뜻은 하와이어로 '바로잡다, 완벽함'이라는 뜻이랍니다.

그리고 이 책에 등장하는 호오포노포노의 주인공, 휴 렌 박사님은 이

개념으로 일생 수많은 사람들을 정화하고 치유하고 계셨습니다

하지만 이 책에서 보인 휴 렌 박사님의 모습은 저에게 너무나 비현실적인 모습 그 자체였습니다.

심리학 박사라는 분이 사물들과 대화를 주고받고, 죽은 영혼들을 느끼고, 자신의 신성으로부터 메시지를 들어 주변에 알려주는 등, 머리로는 도저히 이해할 수 없는 내용들 투성이였습니다.

또한 **'미안합니다. 용서하세요. 사랑합니다. 고맙습니다.'** 이 몇 마디로 모든 문제가 순수하게 정화되고 풀어지게 된다는 휴 렌 박사님의 말들은 도저히 논리적으로 받아들일 수가 없었습니다.

'호오포노포노'라는 개념 자체도 사실은 저에게 그다지 와 닿지 않았습니다.

우리나라의 전통적인 문제해결방법들도 다 미신으로 치부하고 살던 저에게 멀고도 먼 하와이인들의 전통적인 문제 해결법이라니….

'조 바이텔이 보기 좋게 포장해서 마케팅에 성공했을 뿐 사실 이것도 미신 같은 주술 아니야? 에이 잘못 샀나 보네.'

그렇게 후회와 회의적인 마음으로 한장 한장 억지로 읽어 나갔습니다.

사실 그 당시에는 휴 렌 박사라는 사람보다는 자기계발 분야에서 화려한 활동을 하고 있었던 조 바이텔이라는 사람에게 더 신뢰를 가지고 책에 나오는 정화라는 것을 하기 시작했었던 것 같습니다.

'그래. 이해는 가지 않지만 조 바이텔도 하잖아. 좋으니까 하겠지. 일단 해보자.'

정말 어색하기 짝이 없는, 정화가 된다는 그 네 마디 말들을 억지로 몇 번씩 해보면서 하루하루를 보내던 중, 휴 렌 박사님이 우리나라에서 세미나를 하신다는 소식을 우연히 듣게 되었습니다.

그 순간, 무언가 배워봐야겠다는 기대보다는 그 세미나에 참석해서 '호오포노포노'가 도대체 어떤 것인지 제대로 다시 알아봐야겠다는 의지가 올라왔습니다.

충분히 질문을 하고 답을 들으면서 분석해본 후에⋯. 이것이 옳은지 아닌지, 논리적으로 따라야 할 가치가 있는지 없는지를 스스로 결정지을 생각으로 세미나에 접수를 하게 되었습니다.

세미나에 참석하기 며칠 전, 생생한 꿈 하나를 꾸게 되었습니다. 넓고 깨끗한 물에 너무 예쁜 돌고래 몇 마리들이 놀고 있는 것입니다. 그리고 곧 그 돌고래들은 저에게 다가와 같이 놀자는 듯이 뺨을 비비고 붙어서는 애교를 부리는 것입니다. 그때 멀찌감치 서 있던 한 남자가 저를 향해 소리쳤습니다.

"돌고래들이 당신을 아주 좋아하네요. 함께하고 싶은가 봅니다."

그렇게 꿈에서 깬 후에도 한동안 그 돌고래들의 순수하고 맑은 모습이 눈앞에서 사라지지 않고 맴돌았습니다.

그 꿈을 계기로, 제 인생의 두 번째 이름이 된, '핑크돌고래'라는 온라인상의 닉네임이 만들어지게 되었습니다.

세미나 중 휴 렌 박사님을 향한 사람들의 질문은 끝이 없었습니다. 하지만 휴 렌 박사님의 답은 늘 한결같았습니다.

"그 질문을 정화하세요. 그것 또한 사랑하세요."

휴 렌 박사님의 그런 모습을 보면서 저는 질문 자체를 포기할 수밖에 없었습니다.

준비해 갔던 수많은 저의 논리적인 질문들에 대해서 휴 렌 박사님은 또다시 '정화하세요.'라고 말할 것이 분명했기 때문입니다.

세미나에서 논리적이고 명확한 답을 찾을 것이라는 저의 기대는 곧 실망감으로 변해가고 있었습니다.

그렇게 속으로 수많은 질문들과 기대감들을 삭히며 앉아있던 찰나, 휴 렌 박사님이 갑자기 제 앞으로 오시더니 강한 어조와 눈빛으로 말씀하시는 것입니다.

통역해주시는 분의 말씀은 이러했습니다.

"당신! 당신 주변 사람들의 질문들을 정화하지 않고 지금 뭐 하고 있는 거예요? 당신 주변에서 더 이상 질문이 나오지 않도록 당신이 책임지고 정화하십시오. 당신은 그럴 능력이 있습니다!"

순간 너무 놀라고 당황스러워서 얼굴이 빨갛게 달아올랐습니다. 얌전하게 앉아서 수업 잘 듣고 있는 내가 왜 이런 호통을 갑작스럽게 들어야 하는지 황당한 감정이 밀려들더니 곧 마음속 깊은 곳에서 또 다른 종류의 감정이 올라왔습니다.

그 감정은 확신에 찬 듯 강하게 외쳤습니다.

'나는 정화를 해야 하는구나! 내가 그런 능력이 있다고? 그럼 까짓것 뭐 제대로 한 번 해보자!'

그 후 쉬는 시간마다 제 주변 분들이 저에게 몰려와서 질문을 하기 시작했습니다.

휴 렌 박사님의 말씀을 듣고는 제가 박사님 대신 질문에 답을 해줄 것이라고 오해들을 하셨던 것 같습니다.

휴 렌 박사님이 어떤 의미로 저에게 그런 말씀을 하셨는지는 모릅니다. 사실 특별한 의미가 없을지도 모릅니다. 모두에게 하고 싶은 말씀이셨을 겁니다.

하지만 칭찬은 고래도 춤추게 한다고들 하죠.

의심 가득한 마음으로 세미나에 참석했던 저는 그날 이후 춤추는 고래가 되어 정말 열심히 정화와 소통에 매달리기 시작했습니다.

지금 그 당시의 저를 돌이켜보면 웃음이 날 뿐입니다만, 어찌 되었든 호오포노포노도, 정화와 소통이라는 길도, 저의 잠재의식 케오라와의 만남도 모든 것이 저에게는 운명이었던 것 같습니다.

프롤로그 ||

안녕! 나의 케오라~

휴 렌 박사님의 세미나를 듣고 온 후, 본격적으로 내면과의 소통을 시작하게 되었습니다.

우선 제 내면을 향해 '케오라'라는 이름을 지어주었습니다.

'케오라'는 하와이어로 '생명'이라는 뜻입니다. 그리고 세미나 중에 박사님께서 제안해주신 이름 두 가지 중의 하나입니다.

사실 이름은 내가 원하는 무엇으로도 다 부를 수 있습니다. 소통의 진짜 의미는 나를 향해 초점을 맞추고 교감하는 것에 있습니다.

'케오라, 안녕?'

제 내면을 향해 멋쩍게 던진 첫마디였습니다.

그때는 몰랐습니다. 저 인사가 제 인생을 송두리째 바꿔놓게 될 줄은 말입니다.

그렇게 저는, 제 내면의 존재인 케오라를 만나게 되었습니다.

내면을 향한 소통은 재미있기도 하고 낯설기도 했습니다.

나 자신을 향해 말을 걸어주고, 질문을 하고, 내 안에서 답을 듣고….

그 과정에서 때로는 내 기대감과 욕심으로부터 답을 듣기도 하고, 때로는 순수한 잠재의식의 영감으로부터 답을 듣기도 했습니다.

저는 소통을 곧잘하다가도 '이게 도대체 무슨 짓이람…'이라는 생각에 포기했다가 다시 하기를 수십 번 반복하면서 그렇게 10여 년이라는 시간이 흘렀습니다.

저는 케오라를 저의 '잠재의식(subconscious)'이라고 부릅니다.

호오포노포노에서 표현하는 내면의 존재인 '신성'이나 '아우마쿠마', '우니히피리'에 정확하게 대입할 수는 없습니다.

왜냐하면, 저의 내면을 향해 '너는 누구니?'라고 질문을 던졌을 때 '잠재의식'이라는 단어가 강하게 올라왔었고 저는 이 표현을 최대한 존중해주기로 했기 때문입니다.

사실 솔직하게 고백하자면 호오포노포노식의 단어 자체가 어려워서 의식적으로 딱히 와 닿지는 않았었습니다. 어쩌면 제 의식 차원에서, 저의 내면을 향해 어려운 단어를 대입시키는 대신 알아듣기 쉬운 단어를 원했던 것인지도 모릅니다.

어찌 되었든 제가 말하는 잠재의식이라는 부분을 두고, 어떤 곳에서는 내 안의 신성이라고도 할 수 있고, 영혼이라고도 표현될 수도 있으며, 또 어떤 곳에서는 참나… 나의 본질이라고도 표현할 수도 있을 것입니다. 하지만 저는 제 내면 깊은 곳의 또 다른 나인 케오라를, 처음에 올라온 표현대로 잠재의식이라고 부릅니다.

여러분들 또한 여러분들 안에 존재하는 한계 없는 순수한 이 부분을 자신만의 친숙한 단어를 사용해 얼마든지 정의하고 부를 수 있습니다. 중요한 것은 표현이 아닙니다. 그것이 우리 인생에 가지는 의미입니다.

덧붙여 필자가 말하고 있는 잠재의식이라는 존재는 모든 사람들 속에 있는 각각의 영혼의 존재이며, 다만 사람들이 자신의 본질을 무시하거나 미처 알아차리지 못하고 있을 뿐입니다.

케오라, 우리의 영혼, 순수하고 무한한 나의 부분, 잠재의식 깊은 곳의 또 다른 나, 이 존재는 우리의 모든 정보를 완벽하게 알고 있으며 우리 인생의 중요한 키를 쥐고 있는 핵심입니다.

흔히들 표현하는 '내 안의 잠자는 거인을 깨워라!'에서의 무한의 힘을 지닌 내 안의 거인인 것입니다.

또한, 소원을 들어주고 인생을 변화시켜주는 힘과 능력을 지니고 있는, '알라딘의 요술램프'에 나오는 요정 지니와 같은 존재이기도 합니다. 다만 지니와 다른 것이 있다면 우리의 잠재의식은 나의 인생을 돌보는 것에 있어 어떤 조건이나 제약도 두지 않는다는 것입니다.

때로는 무한한 사랑으로 모든 것을 품어주고 이해해주는 엄마와도 같은 존재이기도 합니다.

적어도 케오라는 저의 인생에 그런 역할을 해왔습니다.

별것 아닌 것 같았던 나와의 소통, 내 내면과의 교감은 시간이 더해지면서 그렇게 엄청난 힘으로 필자의 인생을 변화시키기 시작했습니다.

그리고 케오라는 우리의 내면을 이렇게 표현해주었습니다.

우리의 내면은 세 부분으로 이루어져 있다고 합니다.

표면적인 의식인 **현재의식**과 내면의 가장 순수한 영역에 존재하고 있는 **잠재의식,** 그리고 수많은 기억과 정보, 감정들로 이루어져 있는 **심층의식**으로 말입니다.

(내면의 구조는 제2장 '케오라가 들려주는 마인드 모델' 편에 상세히 표현되어 있습니다)

   내 인생의 비밀을 알고 싶다면, 내 인생의 근본적인 변화를 원한다면 그리고 영적 성장을 원한다면 그 어떤 멋진 책을 통해서가 아니라 우리 안의 또 다른 나를 찾아 나서야 합니다.

   우리 안의 가장 순수한 영역에 도달하기 위한 긴 여정 속에서, 우리는 수많은 기억 속의 상처받은 나 자신과 마주치기도 합니다.
   그렇게 기억 속의 나를 만나게 되면 안아주고, 수많은 정보로 왜곡된 나를 만나면 또 안아주고, 오랜 세월 생각과 감정에 지쳐 있는 나를 만나면 그렇게 또 안아주고….
   그러면서 우리는 점점 순수하게, 더 순수하게 드러나는 내 안의 진짜 잠재의식의 모습을 만날 수 있게 됩니다.

   인생은 '나'라는 존재의 부산물입니다.
   '나'라는 존재가 없으면 나의 인생도 함께 사라집니다.
   '나'는 그대로이면서 '나'가 어떻게 되어 있는지 알지도 못하면서 인생을 변화시킬 수는 없습니다.
   모든 변화의 시작은 '나'를 알아가는 것, '나'를 찾아가는 것으로부터 시작됩니다.
   그리고 나를 알아가는 그 과정이 바로 정화와 소통의 길입니다.

   이 책은 크게 세 부분으로 나누어져 있습니다.

제1장은 필자의 첫 번째 책인 ≪내 인생의 호오포노포노 : 천사들이 들려주는 이야기≫와 비슷한 형태의 단편적인 내용들 위주로 구성되어 있습니다.

그리고 제2장은 '인생을 넘어서'라는 타이틀 아래 인생과 나, 나와 나의 내면, 그리고 물질과 인생의 창조로 이어지는 과정과 원리를 조금 더 상세하게 여러 각도에서 풀어보았습니다.

제3장은 '정화와 소통의 길에서 만난 선물, 최면'이라는 타이틀 아래 필자가 최면을 정화와 소통에 어떻게 활용을 해오고 있는지에 대한 부분을 전혀 어렵지 않게, 최대한 쉽고 재미있게 소개하고 있습니다.

그리고 저의 내면에서 올라왔던 케오라의 메시지들을 표현하는 데 있어 독자들의 이해를 돕기 위해 대화체로 풀어놓았습니다.

내면의 교감은 대부분 강한 '느낌'입니다. 그 느낌을 글이라는 틀로 표현하는 데 있어 한계가 있을 수밖에 없었음을 양해 부탁드립니다.

필자가 이 책을 읽는 독자들에게 바라는 것은 단 하나입니다.

여러분들이 여러분 인생의 진짜 주인이 되기를 바라는 것입니다.

그 자리를 스스로 인정하는 순간, 여러분의 인생에는 비로소 날개가 펼쳐지게 될 것입니다.

삶은 윤회한다고들 하지만 이 이름으로 살아가는 인생은 이번뿐입니다.

이 소중한 인생… 후회 없이 살아봐야 하지 않겠습니까!

후회 없는 삶을 위하여! 이 책을 펼쳐보시기 바랍니다.

목차

제 1 장 천사들이 들려주는 이야기

제 2 장 인생을 넘어서

제 3 장 정화와 소통의 길에서 만난 선물, 최면

제1장

천사들이 들려주는 이야기

❖ '정화와 소통'의 의미

호오포노포노로부터 시작된 '정화와 소통'이라는 개념은 이제 필자
의 인생에 있어 중심축이 되었습니다.

'정화'라는 것은 말 그대로 청소, 'cleaning'입니다.

인생에 막대한 영향을 주고 있는 내부의 자원을 청소하는 것입니다.
나의 정체성과 성격을 형성시킨 내부의 신념과, 나아가 인생을 만들어
내고 있는 내부의 자원을 청소함으로써 자연스럽고 편안한 인생을 만
들어나갈 수 있게 됩니다.

그리고 내가 바라보고 있는 세상의 질을 결정짓고 있는 내부의 필터
인 생각과 감정들을 정화함으로써 고요하고 평화로운 인생을 살아갈
수 있게 됩니다.

'소통'이라는 것은 나 자신, 내 인생과의 교감을 말합니다.

모든 갈등은 단절로부터 시작됩니다.

내 인생인데도 내가 모르는 것으로부터 그리고 내 기억, 생각, 감정인
데도 내가 조절할 수 없는 것으로부터 인생의 갈등은 시작됩니다.

내 안에서 진짜 나를 보지 못하고, 믿지 못하는 단절로부터 의식적인
힘겨움은 시작됩니다.

소통은 이렇게 단절되어왔던 '나와 나의 인생', 그리고 '나와 나의 내

부'를 서로 연결시켜 오해를 풀고 사이좋게 만들어줍니다.

제대로 몰랐기 때문에 오해할 수밖에 없었던, 그래서 서로 늘 힘겹게 버티고 치열하게 싸워왔던 내 인생과 교감하기 시작하면서 비로소 인생과 하나가 되어 사이좋게 유유히 흘러갈 수 있게 됩니다.

제대로 몰랐기 때문에 오해할 수밖에 없었던, 그래서 늘 작고 초라하게만 느껴지던 내 자신과 진정으로 교감하기 시작하면서 비로소 현명하고 지혜로운 진짜 나의 모습을 찾아가기 시작합니다.

이렇게 필자에게 정화와 소통은 인생이라는 여행의 길에 없어서는 안 될 '지도', '안내서'와 같은 존재가 되었습니다.

물론 지도나 안내서가 없어도 여행은 가능합니다.

하지만 지도 없이 목적지만 정해놓고 방황하던 긴 세월에 지쳐버린 필자는 더 이상 정화와 소통이 없는 인생은 감히 상상도 할 수 없게 되었습니다.

'인생'이라는 지도를 펼쳐놓고 전체의 모습이 어떻게 생겼는지, 어디를 향해서 가야 가장 유리할지, 지금 내가 서 있는 곳은 어디쯤인지 그리고 최종목적지는 어디인지에 대해서 알게 되면서 필자는 스스로 인생의 가이드가 될 수 있었습니다.

또한, '나'라는 안내서를 펼쳐놓고 내 모습을 제대로 보기 시작하면서 어떤 부분을 어떻게 변화시켜나가야 할지 답과 힌트들을 얻게 되었습니다.

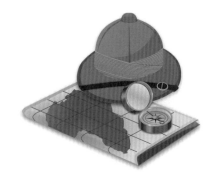

정화와 소통은 특정한 테크닉을 뜻하는 것이 아닙니다.

인간이 성장해 나가는 데 있어서 그리고 진화해 나가는 데 있어서 반드시 거쳐야 할 과정입니다.

또한, 인생이라는 것을 마스터하고 변화시키기 위해서 나 자신의 전문가가 되기 위해서 반드시 거쳐야 할 과정입니다.

나의 기억과 자원들을 깨끗하게 정화하지 않으면서 인생을 변화시킨다는 것은 사실상 불가능합니다. 마치 이미 수많은 그림들로 가득 차 있는 스케치북에 보이지 않는 연필로 무언가를 그려 넣는 것과 같이 무의미합니다.

내 뜻대로 내 인생을 변화시켜나가기 위해서는 정화라는 작업이 먼저 되어져야 합니다.

나의 내면이 깨끗하고 맑아져야 내 자신도, 내 인생도 제대로 볼 수 있으며 동시에 내가 원하는 인생의 그림 또한 선명하게 그려 넣을 수 있게 됩니다.

내 자신과, 내 인생과 등을 돌리고 외부를 바라보고 있으면서 온전히 성장하고 진화할 수 있다는 것은 모순입니다.

진정한 성장은 나 자신을 제대로 보기 시작하고 내 인생을 제대로 알기 시작하는 것으로부터 시작합니다.

다시 말해 내 자신, 내 인생과 진정으로 소통하기 시작할 때, 외부로만 향하고 있던 의식의 초점을 나에게 온전히 맞추어 교감하기 시작할 때, 우리의 성장은 비로소 빛을 발하게 됩니다.

정화를 위한 테크닉, 자신과의 소통을 위한 테크닉은 아주 많이 존재합니다.

필자가 이 책에서 강조하고 싶은 것은 하나의 테크닉이 아닙니다. 수많은 자기계발에 관련된 테크닉들을 접하기 이전에 정화와 소통이라는 인생의 중심축을 먼저 잡으시기를 바랍니다.

내가 하고 있는 공부가, 내가 열심히 시도해보고 있는 여러 테크닉들이 가지는 의미가 진정 무엇이고 어떤 원리인지 그리고 내가 그것들을 하는 궁극적인 목적이 무엇인지 중심을 먼저 잡으셔야 진정한 나의 것으로 소화가 가능하게 됩니다.

마치 어려운 수학공식을 익히기 전에 먼저 숫자와 연산이라는 개념을 확실히 잡아야 하는 것과 같습니다.

정화와 소통이라는 개념이 튼튼하게 자리 잡게 되면 나의 정화와 나의 소통에 필요한 테크닉들이 알아서 눈에 들어오게 됩니다.

그리고 나에게 가장 유리한 그 도구들을 쥐고 흔들림 없이 나의 것으로 만들어 실제 인생에서 그 효과를 볼 수 있게 됩니다.

도구나 지식은 중요하지 않습니다.

그 도구와 그 정보를 이용하는 나 자신이 중요합니다.

현명하고 지혜로운 사람은 하찮은 도구, 별 볼 일 없는 정보 하나만으로도 인생의 큰 변화를 끌어낼 줄 압니다.

하지만 어리석은 사람은 아무리 좋은 도구와 대단한 지식들을 가지고도 오히려 그것으로 자신을 해치게 할 수도 있습니다.

모든 인생의 변화와 통찰은 도구나 대단한 정보, 또는 훌륭한 스승으로부터 나오는 것이 아닙니다.

결국은 나 자신으로부터 나오게 됩니다. 그리고 그것이 진짜 나의 것입니다.

인생에 있어 가장 중요한 정화와 소통의 개념을 먼저 자신의 것으로 만드시기 바랍니다.

❖ 정화 - 미안합니다. 용서하세요. 고맙습니다. 사랑합니다

수많은 정화의 대상들 중에서 필자가 개인적으로 가장 중요하게 생각하는 것은 '말'의 정화입니다.

언어가 가지는 힘은 우리가 생각하는 것보다 훨씬 더 강력합니다. '언어의 힘'이라는 키워드를 가지고 조금만 인터넷을 검색해보시면 필자의 이러한 생각을 뒷받침해줄 만한 여러 실험들을 확인해볼 수 있을 것입니다.

필자가 말하는 언어, 말이라는 것은 우리의 입을 통해서 나오는 것만을 의미하는 것은 아닙니다.

타인을 향한 말뿐만이 아니라 '생각'도 말입니다.

입에서 나오는 말은 타인에게 하는 말이고, 생각은 나 자신에게 하는 말입니다.

말과 생각은 대표적인 나의 내부의 표현입니다.

습관적인 언어 패턴과 생각의 패턴을 조금만 눈여겨보면 나의 내부에 어떤 자원들이 형성돼있는지 알 수 있게 됩니다.

이렇게 내부에 존재하고 있는 심층적인 자원들은 나의 언어로 연결되어 외부로 표현됩니다.

타인을 향한 말과 나 자신을 향하는 생각의 형태로 말입니다.

내면에 부정적인 자원이 가득 차 있으면서 나와 타인에게 관대할 수는 없습니다.

다시 말해 내면에 부정적인 자원이 있으면 당연히 그것에 연결되어 있는 생각과 습관적인 언어들 또한 부정적일 수밖에 없습니다.

나의 말과 생각들을 끊임없이 관찰하고 정화하며, 변화시켜나가게 되면 나의 성격과 천성 또한 바뀌게 됩니다.

긍정적인 말들을 나의 것으로 완전히 만들게 되면 그것과 연결되어 있는 내부의 자원들도 서서히 정화되어지기 시작합니다.

내부의 변화는 곧 나의 성격과 천성을 변화시키게 되고 이렇게 '나'라는 주체가 먼저 변해야 인생도 변화하게 됩니다.

나는 예전과 달라진 것이 하나도 없는데 인생만 달라지지는 않는다는 말입니다.

인생은 나의 일부입니다. 나와 동떨어진 존재가 아닙니다.

나는 여전히 부정적인 말을 일삼고 불평과 불만을 늘 나에게 생각으로 쏟아내면서 어느 날 갑자기 인생이 긍정적으로 변화하지는 않습니다. 내 인생을 변화시키고 싶다면 우선 자신부터 변해야 합니다. 그것이 순서입니다.

'인생이 바뀌면 나도 온화해지고 부드러워질 거야.'라고 생각하고 계신다면 그것은 착각입니다.

내 자신이 인생을 변화시키는 주체이니 말입니다. 주체가 변화되지 않으면 그것의 부산물인 인생과 경험 또한 변할 수가 없습니다.

나의 생각과 말을 변화시키는 효율적인 방법으로, 필자는 호오포노포노에서 소개되고 있는 정화의 말 네 가지를 늘 강조합니다.

미안합니다.

용서하세요(용서합니다).

고맙습니다.

사랑합니다.

이 말들이 가지는 정화의 효과에 대해서는 필자의 첫 번째 책인 ≪내 인생의 호오포노포노 : 천사들이 들려주는 이야기≫에서도 자세히 소개되어져 있습니다.

우선 자신의 언어와 생각을 충분히 관찰해보시기 바랍니다.

마치 타인의 말을 듣는 것처럼 내가 하는 말들을 내 귀로 들어보시기 바랍니다.

그리고 내 생각으로부터 한걸음 물러나서 내 생각을 바라보시기 바랍니다.

얼마나 부정적인 패턴들이 많이 형성돼 있는지, 얼마나 거칠게 나 자신을 압박해 오고 있었는지 말입니다.

그렇게 알아차리셨다면 마치 노래를 마음으로 흥얼거리듯이 위의 네 마디 말들을 해보시기 바랍니다.

이렇게 이 말들을 읊조리는 것만으로도 변화는 시작됩니다.

이 말들을 하게 되면서 나의 무분별했던 말과 생각들은 멈추게 되고 그 순간 나의 패턴은 휘청거리게 됩니다.

또한, 이런 과정을 하루에도 수십 번 반복하게 되면서 결국 나의 특정한 언어 패턴들은 마침내 의미를 잃고 하나씩 끊어지게 됩니다.

물론 이것은 단시간에 되는 것이 아닙니다.

30년, 40년, 50년을 누군가로부터 반복적으로 들어왔고, 누군가를 향해서 늘 해왔고 또한 무의식적으로 늘 내 머릿속에서 돌아가고 있었던 습관적인 생각들을 바꾼다는 것은 결코 쉬운 일이 아닙니다.

30년을 살아왔다면 그 이상을 해야 한다는 마음으로 시작하십시오.

'미안합니다. 용서하세요(용서합니다). 고맙습니다. 사랑합니다.'
이 말들을 자신을 정화하는 주문으로 인식하셔도 좋습니다.

실제로 아름다운 언어를 사용하였을 때 무생물과 생물들의 반응이 확연히 달라지는 것처럼 우리 인생의 입자들도 이 아름다운 말로 인해 정화되어질 수밖에 없습니다.

그것에 대한 의심과 조급함, 기대가 늘 그 효과를 왜곡시켰을 뿐입니다.

우리의 의식이 가장 가볍고 고요하게 내 인생을 향해, 내 자신을 향해 꾸준히 이 말들을 할 수 있다면 당연히 우리의 인생도 우리의 내부자원도 변화되게 됩니다.

그리고 정화를 위해 이 말들을 할 때는 억지로 감정을 실어 심각하고 진지하게 하는 것보다 그냥 담담하게 하는 것이 훨씬 좋습니다. 마치 기분 좋은 노래를 읊조리는 것처럼 그렇게 가볍게 하는 것이 좋습니다. 이 말에 의식적인 차원에서 감정을 싣게 되면 그 감정의 방에는 우리가 인식하지 못하는 심층의식의 자원(이하 '심층자원'이라 칭함)의 감정들 또한 올라와서 섞이게 됩니다.

'이 말들을 하면 뭔가 달라지겠지. 상황이 좋아질 거야. 언제쯤 결과가 나타날까?'

'이 불편한 상황들이 정화되었으면 좋겠어.' 등의 기대와 불편함에 대한 회피와 집착들이 나도 모르는 사이에 이 정화의 말들에 묻히게 된다는 것입니다.

그럴 때 이 말들은 정화로써의 의미를 오히려 잃게 됩니다. 심층자원에서 올라오는 강한 부정적인 에너지가 정화의 에너지를 왜곡시켜버리게 됩니다.

그렇기 때문에 어설픈 감정을 억지로 만들기보다는 즐겁고 가볍게 그리고 담담하게 정화의 말들을 하는 편이 훨씬 좋습니다.

우리가 소원을 빌든, 정화를 하든 그것에 감정의 방이 형성돼 버리게 되면 사실 우리의 현재의식이 인식하지 못하는 내부의 부정적인 감정들 또한 섞이게 되어 그 원래의 의도를 왜곡시킬 가능성이 많아집니다. 감정이 그것에 결정적인 힘을 실어줄 수도 있지만, 오히려 의식적인 차원에서 억지로 만들어낸 감정은 역으로 그것의 효과를 떨어뜨릴 수도 있다는 말입니다.

따라서 무엇을 하든 담담하고 고요하게 그리고 가볍게 하는 것이 좋습니다.

그리고 정화의 말들을 꾸준히 하다 보면 어느 순간 나도 모르게 감정이 저절로 올라올 때가 있습니다. 저절로 올라오는 감정은 그대로 내버려 두시기 바랍니다.

앞서 감정을 싣지 말라는 것은 현재의식 차원에서 감정을 억지로 만들지 말라는 뜻입니다.

정화의 말들로 내 생각과 감정이 조금씩 변화되어지기 시작하면 그틈으로 진짜 감정들이 올라오기 시작합니다.

진심으로 미안하게 되고, 진심으로 감사하게 되고, 진심으로 용서하게 되고, 진심으로 사랑하게 됩니다.

이렇게 저절로 올라오는 감정은 자연스럽게 내버려 두십시오.

억지로 만들지도 말고, 억지로 참지도 말고 말입니다.

그리고 정화를 할 때는 대상을 정하지 않고 하시는 것이 좋습니다. 보통 우리는 우리에게 간절하게 필요한 것, 당장 나를 너무 힘들고 불편하게 하는 것에 초점을 맞추고 정화를 하려고 합니다.

정말 건강한 사람은 건강하기 위해서 정화를 하지 않습니다.

정말 부유한 사람은 부유함을 향해서 정화를 하지 않습니다.

결국, 우리가 대상으로 삼는다는 것은 결핍과 욕심, 집착으로부터 나온 것들일 확률이 높습니다.

이렇게 부정적인 에너지가 나도 모르는 사이 정화의 에너지를 희석시키게 되는 것입니다.

그렇기 때문에 필자는 특정 대상을 정하기보다는 그 대상으로부터 오히려 한걸음 떨어질 것을 권합니다.

우리의 현재의식이 끼어들어서 그것에 부정적인 에너지를 싣는 것보다는 한걸음 떨어져서 저절로 그것이 정화되어질 수 있도록 자리를 비켜주는 것이 훨씬 현명한 방법입니다.

나는 저 사람과 반드시 결혼하고 싶은데 계속해서 방해될만한 문제들이 일어나고 있다면, 그래서 정화를 하고 있다면 우리가 하는 정화의 대상은 '그 결혼의 성사'가 아닙니다.

'반드시 그 사람이어야 돼. 그 사람이 아니면 난 결코 행복할 수 없을 거야.'라고 단정 짓고 있는 나의 제한된 신념과 생각을 정화해야 합니다. 어떤 결과가 오든 결국은 나에게 가장 유리한 일이 이루어지고 있음을 알고 내 인생의 문을 넓게 열어놓을 때 제대로 된 정화의 효과가 발휘될 수 있습니다.

반드시 그것만이 나에게 최선이라는 착각을 정화하게 되면 훨씬 더 좋은 기회와 유리한 일들이 긍정적인 에너지를 따라 나에게 오게 된다는 말입니다.

착각 속에서 일어난 제한적이고 왜곡된 생각의 벽을 허무는 것이 진짜 정화의 대상이고 목적입니다.

결국은 특정 그 문제만을 위해서 하는 정화가 아니라 내 인생의 궁극적인 유리함을 위해 정화해야 한다는 것입니다.

천성은 변하지 않는다고들 합니다.

하지만 필자는 확신합니다. '말'이 변하면 천성도 변하고 천성이 변하면 인생도 비로소 변한다고 말입니다.

타인을 향하고 있는 말과 내 자신을 향하고 있는 '생각'이라는 말을 변화시킬 수 있다면 그 어떤 것도 변화시킬 수 있습니다.

* '미안합니다. 용서하세요(용서합니다). 고맙습니다. 사랑합니다.' 정화법은 필자가 개인적으로 아주 중요하게 여기는 정화법이기 때문에 위에서 소개된 일부 내용을 다음 장에서 다시 반복하여 설명해놓았습니다. *

❖ 소통 – 나 자신과의 교감

소통은 '넓은 의미의 소통'과 '좁은 의미의 소통'으로 나눌 수 있습니다. 넓은 의미의 소통은 자신을 향해 의식적인 초점이 맞추어진 상태를 의미하고 좁은 의미의 소통은 도구나 테크닉을 통해 구체적인 질문과 답을 자신의 내면에서 이끌어내는 것입니다.

이번 장에서는 누구나 쉽게 할 수 있고, 자신도 모르는 사이 늘 해오고 있었던 넓은 의미의 소통에 관해서 이야기를 해보려고 합니다.

우리는 알게 모르게 자신과 소통을 해오고 있습니다.

그리고 대표적인 자신과의 소통 중의 하나가 '생각'이란 것입니다.

'난 이런 놈이야. 내가 그러면 그렇지! 난 왜 이렇게 되는 일이 없냐!' 등의 무심코 하는 일상적인 생각들 모두가 나와의 소통입니다.

내가 나에게 이렇게 이야기해주고 있는 것입니다.

그리고 다시 나의 내면은 나에게 똑같이 대답해줍니다.

이렇게 우리는 알게 모르게 스스로에게 말하고 내면에서 올라오는 생각들을 다시 들으며 소통을 해오고 있습니다.

여러분들은 주로 자신에게 어떤 말들을 해주고 있었습니까?

여러분들의 내면은 주로 자신에게 어떤 말들을 해주던가요?

욕과 분노와 원망을 퍼붓거나 힘 빠지게 하는 부정적인 말들을 해주고 있진 않았나요?

또 그런 말들을 자신의 내면으로부터 늘 들어오고 있진 않았나요?

필자는 지금부터 조금 더 체계적이고, 자신에게 유리할 수 있는 소통 방법에 대해서 몇 가지 말하려고 합니다.

인식 없이 무분별하게 돌아가고 있던 소통에서, 명확한 인식 속에서 진정 자신을 위해 할 수 있는 소통으로 여러분들을 이끌려고 합니다.

우리는 매일 하루 한 번 이상은 거울을 보게 됩니다.

이렇게 우리는 거울 속의 자신을 향해 자신도 모르게 소통을 합니다.

'음. 머리가 엉망이군. 이발하러 가야겠는걸.'

'어머! 얼굴에 주름이 진해졌네. 어쩌지….'

'오늘은 화장이 잘 먹었네.'

'왜 이렇게 생겨 먹었지? 에휴.'

이렇게 자신도 모르게 생각으로써 나에게 말을 해주게 됩니다.

이제부터는 이 시간을 나를 위한 소통의 시간으로 활용하시기 바랍니다.

거울을 보는 순간은 정말 중요한 순간입니다.

우리는 우리 자신과 눈을 마주칠 일이 거의 없습니다.

같은 말을 하더라도 다른 곳을 향해서 말을 하는 것과 상대의 눈을 지그시 바라보며 진지하게 하는 말의 효과는 큰 차이가 날 수밖에 없습니다.

진지한 말을 하면서 상대의 시선을 피해 다른 곳을 보고 있다면 그 상대방은 그 말에 신뢰감을 느끼지 못할 확률이 높아집니다.

또한, 어린아이와 이야기를 나눌 때 눈높이를 맞춘 '아이컨택(eye contact)' 상태에서 이야기해주게 되면 아이가 훨씬 진지하게 그 이야기를 잘 받아들이게 된다는 것은 대부분 아실 것입니다.

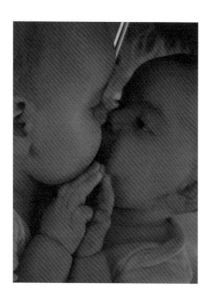

거울을 보는 시간은 우리 자신과 '아이컨택'할 수 있는 시간입니다. 자신의 눈을 따뜻하게 바라보며 나 자신에게 진지하게 해주는 이야기들은 나의 내면에 훨씬 신뢰성 있게 흡수되게 됩니다.

거울을 보면서 나 자신과 부드럽게 눈을 맞추고 소통해보시기 바랍니다. 무의식중에 올라오는 말들이 아닌 정말 내가 하고 싶은 말을 해보시기 바랍니다.

'잘하고 있어. 괜찮아. 최선을 다하고 있잖아. 힘내자!'

'난 내가 너무 좋아. 이 정도면 충분히 멋진걸!'

'오늘 대단했어. 최고야. 고맙다. 사랑한다!'

이렇게 자신의 눈을 들여다보며 칭찬과 위로와 격려를 해주시기 바랍니다.

이 별것 아닌 듯 보이는 습관 하나가 결국은 우리의 내면을 치유하고 스스로를 일어서게 만드는 원동력을 만들어내게 될 것입니다.

그리고 하루 한 번 짧은 시간이라도 내 마음의 안부를 챙기는 시간을 가지시기 바랍니다.

그날 있었던 감정과 생각은 그날그날 정리하는 것이 좋습니다.

내면에 쌓아놓게 되면 이자가 붙듯이 덩치가 커져서 어느 날 내가 감당할 수 없는 형태로 현실에 드러나게 됩니다.

거창한 명상이 아니어도 좋습니다.

좋아하는 차를 마시는 시간도 좋고, 나를 편안하게 만드는 음악을 듣는 시간도 좋고, 내가 좋아하는 장소에 조용히 앉아 있는 것도 좋습니다. 그것도 부담된다면 자기 위해 누워 있는 시간도 좋습니다.

내 마음이 오늘 하루 어떻게 보냈는지 조용히 살펴보십시오.

스트레스로 지쳐 있는지, 실망으로 풀이 죽어 있는지, 기뻐서 들떠 있는지 살펴보기만 하면 됩니다.

그저 내 마음을 그렇게 알아주고 '그랬구나. 오늘 하루 그랬구나.' 이렇게 교감해주시기만 하면 됩니다.

알아주고 이해해주고 짚어주는 것은 최고의 교감입니다.

그리고 나 자신과의 교감은 곧 '자존감(자아존중감)'으로 직결됩니다.

반대로 '자존심'은 외부를 향할 때 생겨나는 힘입니다.

나 자신과는 단절되어있고 외부로 초점을 맞추게 되면 우리는 '자존심'이 나를 지켜주는 방패막이라는 착각 속에 빠지게 됩니다.

나의 자존심이 무너지지 않게 지키는 것이 결국은 나를 보호하는 것이라 믿고 상대를 향해 외부를 향해 거침없이 행동하게 됩니다.

하지만 결국은 그 행동과 말들이 나 자신을 더욱 상처받게 하고 힘들고 지치게 만들어버립니다.

그러나 '자존감(자아존중감)'은 나 자신을 향하고 있을 때, 나 자신과 교감을 하고 있을 때 생겨나는 힘입니다.

똑같은 성공을 향해 가더라도 자존심을 앞세워 가는 사람은 그 과정에 있어 수많은 상처를 남기게 되지만, 자존감이 높은 사람은 자신도 상처받지 않고 타인에게도 상처를 주지 않으며 가게 됩니다.

성공의 목적이 외부의 그 무엇이 아닌 자신의 행복에 있기 때문에 늘 행복하고 즐거울 수 있는 범위 안에서 자신을 아끼며 움직이게 됩니다.

자신을 사랑할 줄 아는 사람은 타인도 사랑할 줄 알게 됩니다.

자신을 아끼고 잘 돌볼 줄 아는 사람은 타인도 진정으로 아끼게 됩니다. 또한, 자신을 누구보다 잘 이해할 줄 아는 사람이 타인도 진정으로 이해할 수 있게 됩니다.

이렇게 자신을 따뜻하게 보듬어주고 이해하려는 교감은 곧 외부세상으로 이어지게 됩니다.

나를 아끼고 사랑했을 뿐인데, 나를 행복하게 만들어주려고 했을 뿐인데 나를 비롯한 주변 인연들 또한 나로 인해 함께 행복해지게 되는 것입니다.

타인에게는 착하면서 나 자신에게 혹독하게 구는 사람은 위선입니다. 나 자신에게 먼저 착해지시기 바랍니다. 그래야 진짜 착함의 에너지가 생기게 됩니다.

무의식중에 해오던 자신과의 소통을, '지금부터 나 자신과 소통하겠다. 지금부터 나를 제대로 아끼고 돌보겠다.'라는 선언과 함께 의식적으로 인식하며 하시기 바랍니다.

별것 아닌 것 같은 이 소통의 습관이 일상이 되었을 때, 돌아오는 인생의 변화는 너무나 큰 것입니다.

내가 나에게 등을 돌리고 외면하면 인생도 나를 하찮게 여깁니다. 내가 나를 원망하고 나에게 상처를 주면 인생도 나에게 당연히 그렇게 해도 된다고 여깁니다.

나 자신이 나를 먼저 귀하게 대접해줘야 내 인생도 나를 귀하게 대접합니다.

❖ 내면을 공부하는 우리들에게

10여 년을 정화와 소통에만 몰두해오면서 필자가 스스로에게 수없이 해왔던 충고와 조언들을 이번 장에서는 여러분들과 함께 나누어 볼까 합니다.

그리고 보이지 않는 세상, 영성과 진리에 관심을 가지고 있는 여러분들에게도 도움이 되기를 바랍니다.

보이지 않는 진리를 탐구하는 일은 참 어려운 일입니다.

증명할 수도 손에 잡히지도 않는 진리이니 말입니다.

보이지 않는 세상을 믿고 따라가는 일은 참 두려운 일입니다.

그 끝에 무엇이 있을지는 아무도 모를 일이니 말입니다.

보이지 않는 영성에 모든 것을 맡기고 가는 일은 참 위험한 일입니다.

평범하지 못한 사람 취급을 당하기도 하고, 사차원이라는 표현을 듣는 것쯤은 당연한 것이며 그 외에도 이런저런 오해를 받는 경우가 굉장히 많은 게 영성을 공부하는 사람들의 현실이니 말입니다

저 또한 보이지 않는 세상을 믿고, 보이지도 않고 잡히지도 않는 정화와 소통이라는 길을 긴 시간 한결같이 걸어오면서….

늘 소통과 정화를 가장한 또 다른 기억 속에 빠지지 않기 위해 스스로에게 엄격하게 해오는 조언들이 있었습니다.

우선 그 첫 번째는, 영성을 공부하거나 정화와 소통을 하는 주된 목적이 특별한 능력을 갖추기 위함이 아니라는 것입니다.

나 자신을 특별하게 만들어줄 것이라는 기대감으로 영성공부나 정화와 소통을 하게 되면 우리는 또 다른 착각 속에 빠지게 됩니다.

마치 내가 대단한 능력자가 된 것만 같은 그래서 타인과 비교했을 때 높은 위치에 있는 것 같은 착각 속에 빠지게 됩니다.

아니면 반대로, 내가 원하는 그 특별한 능력을 지닌 경지를 향해 끝도 없이 정진해 나가지만 결국은 다다르지 못한 채 늘 좌절감에 빠지게 됩니다.

애초에 '특별한 경지'라는 것은 없으니 도달할 수도 없는 것입니다. 결국은 좋은 의도로 시작되었던 정화와 소통이 정작 나 자신은 놓치게 되고 능력만을 쫓아가게 되면서 변질되어 버리는 것입니다.

이것은 마치 정화와 소통이라는 제목이 적힌, 또 다른 심층의식의 방 속에 스스로 갇히게 되는 것과 같습니다.

다시 말해 영성이라는 그럴싸한 제목이 적힌 자신만의 방에 갇히게 된다는 것입니다.

두 번째는, 타인의 인생에 대해서 관여할 자격이 우리에게는 없다는 것입니다.

본의 아니게 강의를 하고 상담을 하다 보면 타인의 인생에 이런저런 조언을 하게 되는 경우가 종종 생기게 됩니다.

그래서 늘 말씀드리기에 앞서 정화하고 또 정화하면서 최대한 말을 아끼려고 합니다.

상위의 입장에서 하는 권위적인 조언이 아닌, 함께 정화하고 교감하고 있는, 사랑으로 연결된 동료로서 진실로 그에게 도움이 될 만한 최소한의 말만 할 수 있기를 늘 스스로에게 되뇌었습니다.

여러분들도 소통을 하고 정화를 하다 보면 나 자신뿐만 아니라 주변 사람들에 대해서도 뭔가 간섭하고 싶은 생각이 종종 들게 될지도 모릅니다. 그를 위해서 말입니다.

내가 그들보다 한발 앞서가고 있다는 확신이 종종 들게 되니 말입니다. 또한, 영성을 추구한다는 단체에서 타인의 인생을 꿰뚫어 볼 수 있는 비범한 능력이 있다는 사람들을 종종 만날 수 있습니다.

하지만 우리는 우리 인생의 전문가일 뿐입니다.

내 잠재의식이 아무리 활성화되었다고 하더라도 사실 나의 잠재의식은 내 인생의 전문가일 뿐입니다.

잠재의식으로부터 나오는 능력들 또한 사실은 내 인생에 딱 필요한 부분들일 뿐입니다.

우리는 타인의 인생을 놓고 이렇게 저렇게 직접적으로 바꾸고 조절할 수 있는 신들이 아닙니다.

모든 깨달음은 본인 스스로의 안에서 결국은 이루어집니다.

언제인가 케오라가 저에게 이렇게 이야기한 적이 있습니다.

"누군가 눈물을 흘리고 있다면 그 눈물을 존중해줘. 누군가 옆에서 넘어진다면 스스로 일어날 기회를 존중해줘. 단, 누군가 진심으로 손을 내

믿다면 그때는 외면하지 마."

제가 하고 있는 일도 그저 여러분들에게 제가 아는 것들을, 제가 해왔던 것들을 소개하는 것이 다입니다.

그다음은 스스로 자기 것으로 만들어가셔야 합니다.

내가 잘났다고 거들먹거릴 필요도 없고, 타인에게 기대어 갈 필요도 없습니다.

내 자신에게만 초점을 맞추고 가시면 됩니다.

세 번째는, 멋지고 현란한 메시지에 빠지지 말라는 것입니다.

영성과 진리를 따라가다 보면 우리가 의식적으로 알 수 없었던 미지의 차원에 대한 그럴싸한 멋진 메시지와 정보들을 종종 만나게 됩니다. 실제로 평생 영성공부를 하신 분들 중에 저에게 영계 세상의 차원이나 에너지 차원에 대해서 멋진 조언이나 메시지를 전해주는 분들이 많이 계십니다.

영혼의 세상에 몇 차원의 등급이 존재하는데 저는 몇 등급에 속하는 영혼상태이며… 등등 말입니다.

또한, 저 스스로도 케오라에게서 보이지 않는 세상에 대한 재미 있는 이야기를 많이 듣기도 했습니다.

그럴 때마다 저는 심각하지 않게 듣고 정화하고 흘러가게 내버려 둡니다. 정말 그럴싸하고, 정말 재미있고, 정말 내가 대단한 존재인 것 같고, 정말 멋진 차원의 세상이 존재하는 것 같고… 아무튼 그 대단하고 멋진 메시지들을 내 안에서 듣거나 타인에게 듣거나 저는 그냥 흘러버

럽니다.

"아… 그럴 수도 있겠구나. 재밌네."

"아… 그럴 수도 있겠네요. 멋지네요."

그게 다입니다.

사실 10여 년간의 저의 경험상으로는, 우리 영혼의 메시지는 대부분 단순하고 늘 반복적인 것이 많았습니다.

현란하고 디테일하면 할수록 그리고 나 자신을 특별한 존재로 만들어주는 것일수록 사실은 멋진 차원의 세상을 갈구하는 기대와, 멋진 진리를 탐구하고자 하는 열망과, 나를 멋지게 포장하고 싶어 하는 내 안의 기억 파트가 만들어내는 경우가 많았습니다.

정작 가장 순수한 내 영혼의 메시지는 너무나 고요하고 너무나 단순하고 사소한 것들이 많았던 것 같습니다.

늘 나 자신을 잘 돌봐주라는 것, 울고 있는, 화내고 있는 나 자신도 인정하고 안아주라는 것, 자기 자신을 알아가는 이 소박한 과정이 이 세상 진리를 알아가는 유일한 길이라는 것이었습니다.

우리의 영혼은 자신의 마음 하나 다룰 줄 몰라서 우왕좌왕 하고 있는 우리 현재의식에게 대단한 우주 차원의 어려운 진리를 힘들게 이해시키려 하지 않습니다.

마음 하나 편하게… 그래서 이 인생 즐겁고 평화롭게 살기를 바랄 뿐입니다.

대단한 것을 안다고 내 인생이 대단해지는 건 아니니까 말입니다. 그

대단한 것을 알아도 내 마음은 여전히 불안하고 힘드니까 말입니다. 그저 내 마음 잘 다루고 내 인생 제대로 알고 가는 게 우리에겐 정말 중요한 과제일지도 모릅니다.

물론 그 메시지들과 정보 속에는 영감적인 메시지도 있을 수 있습니다. 실제로 영성에 깨달은 분들의 중요한 메시지도 있을 수 있고, 이번 생의 목적이 보이지 않는 진리를 알고 타인에게 전해야 하는 삶이라면 내 안의 영혼이 끊임없이 그런 메시지를 나에게 직접적으로 보내주거나 아니면 타인을 통해 늘 전달을 해줄 것입니다.

하지만 그렇더라도 일단은 그냥 흘러버리시기 바랍니다.

정말 그게 나에게 중요한 것이라면 정화하면 할수록, 내려놓으면 내려놓을수록 더 선명하게 들어올 것입니다.

하지만 우리의 의식이 그것을 붙잡고 있다면 우리는 다시 보기 좋은 기억 속에 빠져서 진짜 내 모습을 놓치게 될지도 모릅니다.

케오라가 예전에 다음과 같은 말을 한 적이 있었습니다.

"나쁜 것을 내려놓는 것은 쉬워. 하지만 좋은 것을 내려놓는 것은 아주 힘들어. 좋은 것도 미련 없이 내려놓을 수 있다면 현재의식은 비로소 알게 될 거야. 그 '좋은 것'이 다가 아니라는 것을 말이야."

그리고 네 번째는, 내 탓을 하지 말라는 것입니다.

정화를 하기 전에는 모든 게 남의 탓이라고만 하고 살아왔습니다. 그러다가 정화와 소통을 하기 시작하면서 또는 영성을 공부하기 시작하면서부터는 "모든 게 내 책임이야…."라는 말을 하면서 내 탓을 하기 시작했습니다.

　책임을 지는 것과 내 자신을 탓하는 것은 다릅니다.

　'내 인생 이렇게 된 게 결국은 다 내 기억들 내 카르마 탓이야. 나는 알지도 못하는 기억들이 다 이렇게 내 인생을 만들어버린 거야. 내 잠재의식은 뭐 하고 있는 거람. 제대로 해결도 못 하고⋯.'

　결국은 남 탓하던 습관이 모습만 바뀌어서 나왔을 뿐입니다.

　내 현재의식을 또 다른 피해자로 만들어버릴 뿐이죠.

　'카르마가 있는 한 나는 어쩔 수 없어. 누군가 도와주지 않는다면 내 인생도 변하지 않을 거야.'

　우리의 현재의식은 그렇게 무능력하지 않습니다.

　긴 세월 무책임하게 외면하고 살아왔던 내 것, 내 감정, 내 기억, 내 인생들 이제는 바로 보고 정화하겠노라고 그리고 진짜 내 모습을 찾아가겠노라고 선언하고 실천해가는 건 바로 우리 현재의식의 몫입니다. 스스로를 피해자로 만들지 마세요. 우리는 그렇게 약하지 않습니다. 스스로를 의무적인 '착함의 방'에 가두지 마세요. 나에게 먼저 착해지세요.

　신은 어쩌면, 막 인생을 시작하려는 우리에게 타인을 돌봐주고 책임지라고 하지는 않았을 겁니다.

　신은 우리에게 몸과 마음과 인생을 주면서 '네 마음, 네 몸, 네 인생'을 잘 돌봐주고 책임지라고 했을지도 모릅니다.

　그리고 마지막 다섯 번째는 현실을 직시하라는 것입니다.

　이 부분은 이해가 안 되는 분들이 계실 것입니다.

보이지 않는 기억들을 정화하고 보이지 않는 내 안의 잠재의식을 믿고 가라고 하면서 현실을 직시하라니 말입니다.

네… 맞습니다. 현실을 직시하세요.

기억과 감정, 생각이 만들어내는 착각을 진짜라고 믿지 말고 정말 이 현실을 직시하세요.

우리는 사실 현실을 직시하고 있는 것이 아니라 착각 속의 세상을 직시하고 있습니다.

기억과 정보를 바탕으로 만든 감정과 생각 속에서 뿌연 필터를 거쳐서 이 세상을 보고 있습니다.

저는 늘 여러분들에게 "내면을 보세요, 내 자신을 보세요…."라고 합니다.

내 자신을 제대로 보기 시작하고 내 감정과 생각을 분리해 놓을 수 있을 때 우리는 진짜 현실을 보게 됩니다.

뜬구름 잡는 세상이 아닌 진짜 현실을 말입니다.

슬프고 부정적이고 이런저런 사연에 색이 입혀진 세상이 아니라 진짜 세상을 보게 됩니다.

제가 여러분들에게 내면을 보라는 이유는 외부의 세상이 중요하지 않아서가 아닙니다.

이 세상이 너무나 아름답고 소중하기 때문에 여러분 내면의 필터를 먼저 깨끗하게 닦고 정화하라는 것입니다.

그래서 밝고 밝은 시선으로 현실과 세상을 제대로 보기 위해서 말입니다.

제가 여러분들에게 보이지 않는 우리 안의 영혼을 찾고 또 찾으라는 이유는 보이는 물질세상이 중요하지 않아서가 아닙니다.

우리가 일생 어쩔 수 없이 늘 접촉하고 감당하고 살아야 하는 이 물질세상이 너무나 중요하기 때문에 그것을 우리에게 유리하고 평화롭게 만들기 위해서 보이지 않는 우리의 본질을 찾아 도움을 받으라는 것입니다.

다시 말해 보이지 않는 세상에 초점을 맞추는 이유가, 보이는 이 세상을 우리 것으로 만들어가기 위해서라는 것입니다.

우리가 정화를 하고 소통을 하는 이유가, 무조건 영성을 쫓기 위해서가 아니라 우리 마음, 우리 인생을 평화롭고 아름답게 만들기 위해서라는 것입니다.

사실 저는 그렇습니다.

대단하고 어려운 것들 몰라도 됩니다.

영혼의 세상, 영혼의 진리는 어차피 이 물질세상 다하고 가는 날, 그래서 영혼의 순수한 존재로 돌아가는 날 알게 될 거니까요.

그래서 저는 이 물질세상 어떻게 하면 조금 더 즐겁게 살 수 있나를 위해 열심히 보이지 않는 세상을 공부합니다.

영성세상의 전문가가 되려는 것이 아니라 이 물질세상의 전문가가 되고 싶어서 말입니다.

어디에 초점을 맞추고 영성공부를 해나가는지는 아주 중요합니다. 당장은 현실적인 변화나 표시가 안 날지 모르고 당장은 내 자신을 대단한 사람처럼 만들어줄지는 모르지만 10년 뒤에 내 물질세상이 어떻게 변해있을지를 결정지어줄 것입니다.

보이지 않는 것에만 초점을 맞추고 가게 되면 10년 뒤에 보이는 물질세상은 그대로일 겁니다.

단 이 아름다운 현실에 초점을 맞추고 보이지 않는 진리를 존중하고 따라가게 되면 10년 뒤에 보이는 물질세상이 변해있을 것입니다.

단순하게 가면 됩니다.

늘 나 자신 하나만 챙기면 됩니다.

'내가 누군지 알고 가자. 내 인생 내가 좀 알고 가자.'

이거면 됩니다. 내 마음 내가 조절할 수 있어 매사 고요할 수 있다면, 내 인생 어떻게 돌아가는지 내가 전문가가 될 수 있다면, 우리가 아는 그 가치는 그 어떤 진리나 정보보다 대단한 것입니다.

❖ '행복'을 챙기세요

이 책을 읽고 계시는 여러분은 사는 게 행복하신가요? 즐거우신가요?
만약 아니라고 하신다면 저는 이렇게 말씀드릴 것입니다.

"당신은 불행한 사람이 아닙니다. 다만 행복을 볼 줄 모르는 사람입니다."

내 인생만 유독 힘든 것 같고, 내 인생에만 마치 저주가 내려진 것처럼 어두운 나날들도 있었겠지만 아닙니다.

그저 엉뚱한 곳에 초점을 맞추고 살아왔을 뿐입니다.

행복에 시선을 주지 않았을 뿐입니다.

중요한 것, 대단한 것, 행복할 것 같은 환상을 찾아다니느라 바빴을 뿐입니다.

이런 생각들 최근에 해보신 적 있으십니까?

'내가 무엇을 해야 행복할까?'

'내가 정말 즐거워했던 일이 뭐였지?'

'지금 이 순간엔 어디서 행복을 찾아볼까?'

'오늘 하루 즐겁고 행복한 일이 있었나?'

이런 질문들, 아니 '행복, 즐거움'이라는 단어들을 내 생각 속에 넣는다는 것 자체가 어색하고 낯선 사람들이 많을 것입니다.

"그런 것들은 동화책 속에나 나오는 것들이지 현실에서 그런 게 어디 있어요?"라고 말하는 사람들도 꽤 있을 것 같습니다.

없다고 생각하니까 없는 것입니다.
내 머릿속에 넣지를 않으니 내 인생 속에도 없는 것입니다.
무엇이든 우리가 먼저 찾지 않으면 절대 오지 않으니까 말입니다. 슬픔, 절망, 좌절 나를 불행하게 만드는 이러한 감정 또한 결국은 우리가 초점을 맞추어서 찾았기 때문에 온 것이고, 그것을 우리가 놓아주지 않고 꽉 쥐고 있었기 때문에 이렇게 내 인생에 붙어 있는 것입니다.

그럼 우리들의 아주 익숙한 생각들을 한번 들여다보겠습니다.
'오늘 그 사람 진짜 기분 나쁘게 말하던데… 생각할수록 열 받네.'
'월급까지는 아직 남았는데, 이 돈을 가지고 버틸 수 있을까?'
'며칠까지 이 문제를 해결해야 하는데 어떻게 하지….'

살아가는 데 중요할 것 같은 그것들 속에 푹 빠져서 이렇게 정작 우리 인생은 나날이 말라가고 있을지도 모릅니다.
자신도 모르는 사이 해맑은 웃음을 잃어가고 그저 '중요해… 중요해….'라고 세뇌당하면서 하루하루를 버티고 있는 건지도 모릅니다.
물을 주지 않아 시들어 있는 화분처럼 말입니다.

중요한 일은 잠재의식에게 맡기고 이제는 선언하십시오.
"행복하게 좀 살자! 즐겁게 좀 살자!"

그리고 그 좋은 머리와 그 많은 생각들을 조금이라도 내가 무엇을 할 때 가장 행복하고 즐거울 수 있는지에 쓰십시오.

어릴 적 순수하게 마냥 즐거워했던 그 표정을 오늘날 잃어버린 것은 나이가 들었기 때문이 아닙니다.

어느 날 즐거움과 행복 대신에 중요한 일을 찾겠다고 우리가 선언을 해버렸기 때문입니다.

그렇다고 당장 하고 있는 일을 다 그만두고 어디론가 떠나라는 이야기는 아닙니다.

이 지긋지긋한 상황과 일에서 도망친다고 당장 내가 행복해지는 것은 아닙니다.

'지겨워. 싫어. 벗어나고 싶어.'와 '행복할 수 있어. 나도 행복하게 살자.'와는 완전히 다른 것입니다.

제가 말씀드리는 것은 회피가 아니라 행복에 초점을 맞추라는 것입니다. 이 일을 외면하라는 것이 아니라 지금 이 상황을 바라보는 초점을 달리하라는 것입니다.

앉은 자리에서 시선만 살짝 돌려도 우리를 행복하게 만들 만한 일들이 넘쳐난다는 것을 알아차리라는 것입니다.

또한, "행복한 일, 즐거운 일이 일어나길 바라…"라고 말하면서 여전히 머릿속엔 복잡한 생각과 감정을 힘주어 쥐고 있다면 결코 우린 행복할 수가 없습니다.

'로또 1등에 당첨되어서 펑펑 돈을 쓸 수 있게 되거나, 이 짜증 나는 일을 벗어 던지고 여행만 다닐 수 있게 되거나, 몸매도 얼굴도 연예인처럼 완벽하게 예뻐져야 행복할 것 같아….'라고 생각한다면 그것은 이 답답한 상황을 피하고 싶어 하는 심층의 목소리일 뿐 결코 현실에서 진정한 행복을 찾을 수는 없습니다.

보이지 않는 것에 초점을 맞추고 있으니 현실의 행복이 보이지 않는 것입니다.

생각 속의 행복은 진짜 내가 원하는 것이 아니라 지금 이 현실이 불행하다는 것을 보여주는 심층의 기억에서 올라온 환상의 행복입니다.

'이렇게 되어야만 난 행복할 수 있어.'라는 그 생각은, 실은 '이 현실 너무나 싫어. 그러니 도망치고 싶어.'라는 진실을 담고 있는 부정적인 뿌리에서 나온 것이라는 말입니다.

그러니 그 생각 속의 행복을 쫓으면 쫓을수록 현실은 더 불행하게만 느껴지는 것입니다.

저는 사람들에게 이런 표현을 많이 씁니다.

"환기시키세요. 머릿속과 마음을 환기시키세요."

탁한 공기가 가득 차 있는 방에 창문을 활짝 열어 신선한 공기로 환기시키듯이 그렇게 우리의 내면도 환기시키라고 말입니다.

환기시키는 방법들은 간단합니다.

즐거울 만한 일을 작은 것이라도 하는 것입니다. 부정으로 가득 차 있는 공기를 즐거운 공기로 환기시키는 것입니다. 꼭 대단한 것이 아니어도 됩니다.

맛있게 먹는 음식이 될 수도 있고, 경치 좋은 곳에서 마시는 차 한 잔이 될 수도 있고, 나를 웃게 하는 재미 있는 영화 한 편이 될 수도 있습니다.

저는 골치 아픈 생각과 고민 대신 정화의 말들을 하면서도 환기를 많이 시켰습니다.

"미안해. 용서해줘. 고마워. 사랑해."

이 말들을 하다 보면 생각 속에 가려져 있던 주변이 다시 환해지고 지금 이 순간 내가 하고 싶은 일들이 떠오릅니다.

그리고 이렇게 질문을 해보는 것도 좋은 방법 중 하나입니다.

"과연 그 문제가 내 인생에 그렇게 절대적으로 중요할까? 내가 그것만을 위해서 태어난 걸까?"

객관적으로 불행한 사건, 객관적으로 불행한 문제, 절대적으로 단점만 있는 사람은 없습니다.

보이는 존재에 어떤 색을 입힐지는 순전히 우리 현재의식의 몫입니다. 어떤 사건이나 과거를 보면서 몇 점의 가치를 줄지는 우리의 몫입니다. 나의 지난 과거를 쓸모없고 불행하기만 했던 시간들로 만들 것인지, 그래도 최선을 다하고 잘해왔다고 칭찬할 과거로 만들 것인지는 순전히 지금 우리의 판단입니다.

옆에 있는 저 사람이 나를 괴롭히는 사람인지 아니면 나를 도와주는 사람인지는 그를 바라보는 우리의 시선에 달려있습니다.

여기서 중요한 것은 내가 하고 있는 그 '평가'라는 것이 긍정적이고 순수하고 가치가 높을수록 앞으로의 내 인생도 그것에 따라가게 된다는 것입니다.

제가 누누이 강조해 온 것처럼 지금 나의 상태가 미래를 만드는 씨앗이 되니까 말입니다.

지금 내 상태가 빵점이라면 또는 지나온 내 과거가 정말 쓸모없었다면 앞으로도 마찬가지일 것입니다.

지금 내 옆에 있는 저 사람이 형편없어서 나를 괴롭히는 사람이라면 앞으로도 계속 그런 사람만 만나질 것입니다.

지금 심각한 고민에 푹 빠져서 절망적인 인생이라고만 생각한다면 앞으로도 마찬가지일 것입니다.

그래서 더더욱 환기시키고 지금의 상태를 바꾸어 나가야 합니다. 내면의 공기가 먼저 환기되고 신선해져야 앞으로의 내 인생도 새롭게 창조되어집니다.

탁한 공기로 가득 차 있는 생각과 감정의 방에 갇혀 있으면 인생 또한 변화가 없습니다.

얼마 전 저에게 안 좋은 일이 있었습니다. 오랫동안 준비했던 일이 하루아침에 물거품이 되고 냉소적인 평가를 받게 되었죠. 참 재미있는 것은 그 비슷한 일이 하루에, 그것도 같은 오전에 달아서 생기더라는 것입니다.

아마 예전의 저라면 이 일을 마치 인생에서 가장 중요한 것처럼 그래서 엄청난 불행이 찾아온 것처럼 부풀려서 몇 날 며칠을 붙잡고 늘어진 채 좌절하고 포기했을 것입니다.

하지만 전 곧 환기를 시키기 시작했습니다. 창밖에 내리는 비를 보고 말입니다.

'와… 내가 좋아하는 비가 오네. 참 예쁘다. 고마워.'

저는 비를 참 좋아합니다. 눈 부신 햇살도 좋지만 온 세상이 촉촉하게 빛나는 비 오는 날이 유독 예뻐 보여서입니다. 하늘에서 내리는 맑은 물을 머금고 좋아라하는 나뭇잎들이 너무 예뻐 보여서입니다.

'아! 비 내리는 바다가 보이는 곳에서 커피를 한잔하자!'

그렇게 평소 가끔 가던 카페에 갔더니 그날따라 유독 점원이 저를 보며 반가워합니다.

"그동안 바쁘셨어요? 오랜만에 오셨네요. 따뜻한 저지방 카페라떼 드리면 되죠?"

저를 보며 환하게 웃는 점원의 미소가 어찌나 감사하고 반갑던지요. 마치 그의 잠재의식이 저에게 '괜찮아요. 다 잘 될 거예요. 힘내요.' 라고 말하는 것 같았습니다.

더 이상 오전에 있었던 그 일은 온데간데없이 사라지고 없었습니다. 빗방울이 떨어지는 바다를 보면서 마신 따뜻한 커피 한잔은 차갑기만 했던 제 마음과 그날의 일들을 다 녹여주었습니다.

그 순간 저는 또다시 세상에서 가장 행복한 사람이 되었습니다.

그리고 며칠 뒤 저는, 케오라가 늘 해왔던 말의 의미를 다시 한 번 확인할 수 있게 되었습니다.

'이 모든 게 너에게 가장 유리한 일이야. 인생은 너에게 가장 유리하게 흘러가고 있음을 잊지 마.'

안 좋은 소식이라고 표현했던 그 일들이 오히려 느슨하고, 자신감 없고, 게을렀던 제 현재의식에게는 아주 좋은 거름이 되어서 모든 것에 박차를 가하는 힘이 되었습니다.

그 일이 있어서 오히려 모든 일의 완성도를 높일 수 있게 되었습니다. 그 일은 이제 더 이상 안 좋은 소식이 아니라 저에게 반드시 필요했던 정말 감사한 일이 되었습니다.

아마 제가 그때 환기를 시키지 않았더라면 그 일의 소중한 가치를 놓치고 말았을 것입니다.

태어날 때 가지는 기억이나 카르마의 양은 각자 다 다릅니다.

하지만 행복은 공평하게 가지고 태어났습니다.

현명하게 찾을 줄 아는 사람과 그렇지 않은 사람이 있을 뿐입니다.

결코, 행복이나 즐거움은 기억이나 카르마와 상관없습니다.

그것은 온전히 우리 현재의식의 몫입니다.

'사지 없는 인생'이라는 사회단체를 이끌고 있는 '닉 부이치치'라는 사람을 아십니까?

닉 부이치치는 태어날 때부터 팔다리가 없는 중증 장애를 가지고 있는 사람이었습니다. 이런 환경과 학창시절의 왕따 속에서도 그는 포기하지 않고 살아있다는 것에 대한 감사함과 희망을 잃지 않았습니다.

그 후 그는 호주로건 그리피스 대학에서 회계와 경영을 복수전공 하였고 지금은 다른 이들처럼 스케이트보드와 서핑을 즐기고 취미로 골프와 드럼을 치는 사람으로 살고 있습니다.

또한 '뉴욕타임스' 베스트셀러 작가이기도 하며 '사지 없는 인생'이라는 단체의 대표로서 세계 곳곳을 여행하며 수많은 사람들에게 희망과 동기부여의 연설을 하고 있습니다.

아름다운 아내를 둔 두 아이의 아빠이기도 하구요.

닉 부이치치는 누구보다 행복한 사람처럼 보입니다.

실제로 그는 사람들에게 누구나 행복해질 수 있고 무엇이든지 다 할 수 있다고 강력하게 말합니다. 자신도 했으니 당신들은 더 쉬울 거라고 말합니다.

얼마 전, 복잡한 시내 골목길에서 딸기 리어카를 가지고 장사하시는 분을 봤습니다. 연세 지긋하신 어르신이었는데 그날 하루 딸기를 다

팔고 빈 상자를 잔뜩 쌓은 채 돌아가시는 그 표정에는 세상을 다 가진듯 한 행복한 미소가 가득했습니다.

내일 다시 시작될 고된 노동에 대한 한탄이나 걱정 따위는 전혀 찾아볼 수가 없었죠. 그 표정이 어찌나 아름다운지 보는 저까지 행복해졌습니다. 행복… 추상적이지도 않고 멀리 있지도 않습니다.

살짝 고개만 돌리면 됩니다. 바로 옆에 늘 있으니 말입니다.

마지막은 '곰돌이 푸'의 명대사로 끝내겠습니다.
"매일 행복하진 않지만, 행복한 일은 매일 있어."

❖ '죽음'이란 무엇일까?

'죽음이란 무엇일까? 이 인생을 시작하기 전에 우리는 어떤 상태로 어떤 세상에 존재하고 있었을까? 그리고 이 인생이 끝나고 나면 우리는 어디로 가게 되는 것일까? 한 줌의 재로 허무하게 사라져버리는 육체처럼, 나라는 존재도 그렇게 사라지고 마는 걸까?'

영성에 관심이 있든 없든 한 번쯤은 이런 궁금증을 가져보았을 것입니다. 어제만 해도 세상에 존재하지 않았던 새 생명이 오늘 버젓이 세상에 나와 내 옆에 존재하고 있고, 어제만 해도 함께였던 사랑하는 가족이 오늘 한 줌의 재가 되어 사라져버리는 것을 경험하며, 우리는 죽음 그리고 그 뒤의 세상에 대해서 궁금증을 가질 수밖에 없게 됩니다. 그리고 이렇게 하루하루를 치열하게 살아가고 있는 나 자신도 어느 날에는 죽어야 하니까 말입니다.

케오라가 이런 말을 한 적이 있습니다.

"영혼의 세상에 심판을 하는 신은 존재하지 않아. 적어도 나는 그런 신을 본 적이 없어. 또한, 영혼의 세상에는 지옥과 천국이 존재하지 않아. 지옥과 천국은 인생 안에서만 존재해. 때론 삶이 지옥이 되고 때론 삶이 천국이 되지.

영혼의 세상은 그냥 집이야. 물질세상의 긴 인생을 끝내고 돌아온 모든 영혼들의 집이지. 인생에서 성공을 한 사람도, 실패를 한 사람도 자신의 집에서는 모두 환영받고 쉴 수 있어.

물질을 벗는 순간 물질세상에서는 느껴볼 수 없었던 통찰이 일어나게 돼. 그리고 그제야 자신이 살아왔던 모든 인생을 가장 냉철하고 객관적인 시선으로 보게 되지. 그렇게 스스로 신이 되어 자신을 심판하게 되는 거야. 누군가는 최선을 다했노라고 만족스러운 콧노래를 흥얼거리며 가벼운 발걸음으로 집에 가게 되고, 누군가는 후회와 자책 속에 괴로움의 커다란 짐을 짊어지고 힘겨운 발걸음으로 집에 가게 되지.

그리고 그 만족감이 그다음 세상으로 이어지게 되고 또한, 그 후회와 자책이 다시 그다음 세상으로 이어지게 돼. 그게 바로 심판이고 그게 바로 천국과 지옥이 되는 거야."

이 말이 불공평하게 느껴지거나 황당하게 느껴진다면 그냥 필자가 만들어낸 공상의 한 자락이라고 생각하고 넘겨버리십시오.

사실 필자 또한, 케오라의 이 말에 꽤 긴 시간 동안 혼란을 느껴왔으니까 말입니다.

정화와 소통을 하면서 인생을 새롭게 바라보기 시작하니 어느 날부터인가 케오라의 말에 조금은 공감이 되기 시작했습니다.

주변을 둘러보니 견딜 수 없는 고통 속에서 사는 사람들도 있고, 최고의 즐거움 속에서 사는 사람들도 있었습니다.

그리고 저 또한, 이 하나의 인생 속에서 천국과 지옥을 왔다 갔다 하면서 살고 있었음을 알게 되었습니다.

어떤 일 앞에서는 지옥 같은 하루를 견뎌야 했고, 또 어떤 일 앞에서는 세상을 다 가진듯한 희열과 즐거움 속에서 천국에 있는 것 같은 시간들을 보내기도 했습니다.

어쩌면 이렇게 우리는 정말 인생 안에서 천국과 지옥을 왔다 갔다 하면서 살고 있는 것인지도 모릅니다.

다만 중요한 것은 천국과 지옥이 결코 누군가의 손에 의해 빠졌다 나왔다 하는 것은 아니라는 것입니다. 그리고 물질적인 조건에 의해서 지옥과 천국이 나누어지는 것도 아닙니다.

알고 보면 우리의 생각과 감정이 지옥을 만들고 천국을 만들고 있는 것입니다.

우리 스스로가 지옥을 만들어놓고 그곳에 기꺼이 들어가서 고통스럽다며 몸부림치고, 우리 스스로가 천국을 만들어놓고 또 그곳에 들어가 최고의 즐거움을 느끼고 있는 것입니다.

마치 목욕탕의 냉탕과 열탕을 왔다 갔다 하듯이 너무나 쉽게 지옥과 천국을 오가고 있는 것인지도 모릅니다.

그렇게 따지고 보면 결국 천국도 지옥도 내 안에 있는 것이 됩니다. 그리고 그 둘 다 우리 의식이 만들어낸 착각이 됩니다.

내가 인생을 어떻게 볼 것인가에 따라서 지금 이 자리가 천국이 될지 지옥이 될지가 결정 나게 되고, 더 나아가 천국과 지옥의 개념을 넘어선 변함없는 평화 속에 있게 될 것입니다.

그리고 나 자신을 관찰하는 눈, 내 행동, 내 말, 내 감정과 생각을 객관적으로 바라보는 눈….

그 눈이 바로 심판이 아닐까요?

아직은 젊은 필자도 언젠가는 죽음 앞에 서게 될 것입니다.

그리고 머지않아 가족들의 죽음을 맞이하게 될 것입니다.

돈이 많거나 적거나, 인물이 좋거나 못나거나, 똑똑하거나 무지하거나…. 누구에게나 공평하게 피해갈 수 없는 것이 죽음이란 것이니 말입니다.

인생에서, '죽음'이라는 것 옆에는 당연한 듯이 두려움, 고통, 아픔, 이별, 시련, 슬픔이란 단어들이 세트처럼 따라붙습니다. 필자 또한 죽음이 두려우며 누군가의 죽음을 맞이하는 것이 여전히 힘들 것 같습니다. 하지만 케오라와 교감을 하고 정화를 해오면서 조금은 죽음이라는 것의 틀에서 자유로워질 수 있었습니다.

'이 세상이 전부다.'라고 믿어왔던 저에게 죽음이란….

모든 것의 소멸을 뜻하는 것이었고, 그것은 곧 '모든 것을 잃는다.'라는 착각 속에서 큰 두려움과 상실감을 느끼게 만들었습니다.

또한, 사랑하는 사람이 완전히 소멸되어 사라질지도 모른다는 것은 생각만 해도 가슴을 누르는 아픔이었습니다.

케오라는 그런 저에게 이 세상이 다가 아니라고 말해주었습니다.

보이는 세상은 영혼의 여행지일 뿐이라고 말입니다.

모든 죽음은 여행을 끝내고 집으로 돌아가는 여정일 뿐이라고 말해주었습니다.

'이 세상이 전부다.'라는 착각이 죽음을 필요 이상으로 왜곡시켰을 뿐 사실 영혼의 과정 속에서 죽음이란, 인생이라는 큰 숙제 하나를 끝내놓고 홀가분하게 집으로 돌아가게 됨을 뜻하는 것이라 했습니다.

산 사람은 죽은 사람이 불쌍해서 울지만, 죽은 영혼은 산 사람을 돌아보며 안타까워한다고 합니다. 자신들은 이제 집으로 편히 쉬러 가는데 남은 자는 나머지 시간들을 또 지옥과 천국을 오가며 힘겹게 살아가야 하니 안타깝게 보일 수밖에 없다고 합니다.

몇 년 전, 지인 한 분의 아들이 교통사고로 갑작스러운 죽음을 맞이하게 된 일이 있었습니다.

20대 초반의 대학생인 아들이었는데, 아들을 잃은 그 슬픔은 필자가 감히 짐작할 수 없을 정도로 큰 것이었을 것입니다. 그 후로 식음을 전폐하고 누워만 계신다는 소식을 전해 들었습니다.

그러던 어느 날 우연히 그분을 뵙게 되었는데 표정이 너무 밝아지고 좋아 보이시는 것입니다. 그래서 마음을 어떻게 추스르셨냐고 조심스럽게 여쭤보니 이렇게 말씀하셨습니다.

"매일을 고통 속에 보내고 있었는데 어느 날 꿈에 아들이 나온 겁니다. 많은 사람들이 줄을 서서 어디론가 빛을 향해 걸어가고 있었는데, 다른 사람들은 모두 밝은 표정으로 가고 있는데 우리 아들만 유독 슬픈 표정으로 어깨를 축 늘어트린 채 가고 있더라고요. 그래서 내가 왜 그런 것이냐고 물으니 아들이 하는 말이, 슬픔에 빠져 있는 엄마 때문에 마음이 무거워서 그런 것이라고 하더군요. 그 이야기를 듣는 순간 정신이 번쩍 들었습니다. 내 슬픔이 아들의 가는 길을 붙잡고 있었다고 생각하니까 말이에요.

그리고 아들은 틀림없이 좋은 곳으로 가고 있었어요. 모두의 표정에서 나는 알 수 있었어요. 그렇게 꿈에서 깨어난 후 나보다 더 큰 아픔을 가진 사람들을 위해서 봉사해야겠다는 생각이 드는 겁니다. 그래서 지금은 호스피스로 일하고 있어요. 다른 사람들의 죽음을 위해 열심히 봉사하다가 때가 되면 아들을 만나러 갈 생각입니다."

여기서 강조하고 넘어가야 할 부분이 하나 있습니다.

모든 죽음이 다 이렇듯 편안하게 집으로 가는 길은 아니라는 것입니다. 여기서의 죽음은 주어진 인생만큼 최선을 다해 살고 난 후의 죽음을 말하는 것입니다.

몇 점만큼 잘 살고 가느냐는 중요한 것이 아닙니다. 나에게 주어진 인생이라는 시간을 잘했든 못했든 최선을 다해 견디고 마무리하고 간다는 것이 큰 의미를 가지게 됩니다.

다시 말해 중간에 이 삶을 끝내게 되었을 때는 우리의 의식이 상상할 수 없는 긴 방황이 있게 될 것이라는 말입니다.

언제인가 사고로 팔을 잃은 20대 남자분의 사연을 접한 적이 있었습니다. 그분은 이 모습으로는 더 이상 살 수 없다며 자살을 결심했다고 했습니다. 그 말에 케오라는 이렇게 답했습니다.

"고작 몇십 년을 외팔로 살면 될 것을, 지금 자살하게 되면 천 년을 그 팔로 살게 될 것입니다."

그 후 그분은 마음을 바꾸어서 지금은 적응을 잘 해나가고 있다고 합니다.

필자가 이 장에서 말하고자 하는 것은 늘 그렇듯이, 죽음이나 영혼의 세상에 대해서 그 진실 여부를 따지자는 것이 아닙니다. 모든 사실 여부는 죽어봐야 알 것입니다. 그러니 이런 것에 대한 논쟁은 시간 낭비일 뿐입니다.

제가 정말 이 장에서 전하고 싶은 메시지는 최선을 다해 이생을 살아가고 있는 우리에게 죽음이란 더 이상 두려움의 대상이 아니라는 것입니다. 그저 이 여행이 끝나는 순간까지 열심히 살다가 홀가분하게 나의 집으로 돌아가면 그뿐이라는 것입니다.

지금 주변에 죽음을 앞두고 있는 사람이 있다면 이렇게 말해주세요. "정말 수고 많으셨어요. 대단하세요. 주어진 인생 다 살아냈으니 말입니다. 이제 집으로 돌아가게 되면 편히 먼저 쉬고 계세요. 저는 남은 여행마저 끝내고 가겠습니다. 아마 그곳에 가시면, 긴 여행에 지쳐가고 있는 제가 안타깝게 보일지도 모릅니다. 하지만 열심히 살아볼게요. 너무 걱정하지 말고 쉬고 계세요. 그리고 다음에 만나게 되면 함께 다음 여행을 준비해요."

'케오라의 말처럼 물질세상에서 벗어나는 순간이 오면 정말 삶에서

는 체험할 수 없었던 통찰이 일어나게 될까?'

그것 또한 죽어봐야 알 일입니다. 하지만 현실에서 비슷한 체험을 할 수는 있습니다. 그건 바로 최면을 통해 임종체험을 해보는 것입니다. 필자는 최면을 통해 임종체험을 수차례 해보았고 또한, 타인의 세션을 진행할 때에도 마지막은 꼭 임종체험으로 마무리합니다.

비록 실제적인 임종체험은 아니지만, 삶의 끝자락에서 지나온 세월을 돌이켜보는 그 체험은 많은 사람들에게 현실적인 통찰을 일으킵니다.

필자 또한 이 체험을 통해 인생에서 힘을 빼는 느낌이 무엇인지를 알게 되었습니다.

필자는 강의나 글에서 인생을 종종 여행이라고 표현하고 있습니다. 그렇게 표현하게 된 결정적인 계기가 된 것이 바로 최면 중에 했던 임종체험이었습니다.

필자가 최면상태에서 보았던 장면은 90살이 훌쩍 넘은 채 백발을 하

고 있는 노인의 모습이었습니다. 바로 임종을 앞둔 필자의 모습인 것입니다. 그리고 최면을 여러 번 반복하면서 깊은 이완의 상태를 만들 수 있게 되었고, 깊은 트랜스 속에서 필자는 제 3자의 입장에서 바라보는 것이 아니라 곧 그 시간의 노인이 되어 그 장면 속에 존재하고 있을 수 있었습니다.

'미래의 나'는 오늘 밤이 이생의 마지막이라는 것을 직감하고 있었고 담담히 그것을 준비하고 있었습니다.

그리고 책상에 앉아 마지막 일기를 남겼습니다.

길었던 일정을 마치고 드디어 오늘…. 나는 나의 집으로 가려 한다.
이번 여행은 아주 특별하고 멋진 여행이었다.
지금 나는 많이 지쳐있지만, 마음은 아주 흐뭇하다.
원래의 목적 이상으로 많은 것을 배우고 체험하고 가기 때문이다.
이제 나는 나의 집으로 돌아가 휴식을 취할 것이다.
그리고 다시 다음 여행을 천천히 준비할 것이다…….

그리고는 평소 즐겨들었던 음악을 틀어놓고 조용히 침대에 누웠습니다. 전혀 두렵지 않았습니다. 미련이나 후회도 전혀 없었습니다.

열심히 잘 살아준 내 자신이 너무나 대견하고 자랑스러웠으며 모든 것이 홀가분하게 느껴졌습니다.

다만 아쉬운 것이 있다면 그 달콤한 초콜릿과 향기로운 커피를 한동안 마실 수 없게 되었다는 것뿐, 그렇게 모든 것이 미련 없이 받아들여졌습니다.

오히려 나를 맞아줄 따뜻한 존재들을 만날 생각에, 새로운 체험을 할 생각에 마음이 설레기까지 했습니다.

그렇게 얼마의 시간이 흘렀을까⋯. 갑자기 귓가에 들리던 음악이 삐~삑 거리더니 이내 그 소리가 완전히 늘어지며 이상하게 들리기 시작하는 것입니다.

'음악이 왜 저렇지?'라고 생각하는 순간! 드디어 내가 죽음의 선을 넘어섰음을, 그래서 감각이 왜곡되었음을 알아차리게 되었습니다. 마치 물리적인 몸에 갇혀 있던 나의 의식이 몸에서 빠져나와 새로운 차원으로 이동함으로써 물질적인 상태에서 익숙하던 감각이 다른 차원으로 변형된 듯 느껴졌습니다.

그리고 곧 내가 가야 할 길이 빛으로 드러나기 시작했고 저는 그렇게 망설임 없이 그곳을 향해 몸을 뻗었습니다.

최면에서 각성한 후, 많은 통찰들이 머리를 뒤흔들었습니다.

'여행⋯ 여행⋯ 이 삶이 여행이었다고.'

어찌 되었든 '미래의 나'는 이 삶을 여행이라고 표현하고 있었습니다. 그 표현은 정말 신선한 자극이었습니다. 모든 것은 내 것이고 영원히 내 것으로 남을 것이라는 착각 속에서 완전히 깨어나는 계기가 되었습니다.

'그냥 다 두고 가야 될 것들이구나. 내 것이 아니었구나.'

그리고 그 생각은 다음으로 이어졌습니다.

여행이란 것을 생각해보면 맛집도 가야 하고 멋진 풍경도 봐야 하고 그곳의 문화도 체험해 봐야 하고 얼마나 해야 할 것이 많나….

나중에 영혼의 집으로 정말 돌아가게 된다면 인생이라는 여행이 어땠느냐고 물어대는 친구들에게 나는 과연 어떤 대답을 하게 될까?

"그… 그게 말이야. 생각과 감정 속에 푹 빠져 있느라 아무것도 하지 못하고 왔어. 다음번엔 정말 정신 똑바로 차리고 가야겠어."라고 할까? 아니면 "정말 뜻깊고 즐거웠어. 때론 실의에 빠지기도 하고 때론 방황을 하기도 했지만, 그것 또한 너무나 좋은 경험이었어. 그리고 또 무엇을 하고 왔냐면 말이야…."라고 신이 나서 이야기 보따리를 풀어놓게 될까?

필자는 최면을 한 것이지 타임머신을 타고 실제 미래를 다녀온 것은 아닙니다.

다시 말해 필자가 체험한 미래는, 지금 필자가 가지고 있는 현시점의 자원을 바탕으로 연결되어 있는 '미래의 상'일뿐 실제적인 미래는 얼마든지 다를 수 있다는 것입니다.

지금의 내 자원이나 신념이 바뀌게 되면 미래도 바뀌게 됩니다. 심지어는 과거도 바뀌게 됩니다.

과거의 그 미치도록 불행했던 경험이, 지금의 내 신념이 바뀜으로써 내 인생에 반드시 필요했던 중요한 기회로 그 모습과 의미가 완전히 바뀌게 될 수도 있다는 것입니다.

어찌 되었든 중요한 것은 필자가 체험한 미래 속에서 돌아본 나의 인생이 긍정적인 분위기 속에 있었다는 것입니다. 이것은 지금의 나의 자원이 뿌리 깊이 긍정적임을 보여주는 대목이기도 합니다.

그렇게 저는 임종체험에서처럼 후회 없이 자랑스럽게 이생을 살아가게 될 것입니다.

대부분의 경우는 임종체험에서, 이 삶에서 아쉬웠던 점이나 후회가 되는 점 등을 스스로 알아차리게 됩니다.

그리고 그것은 최면이 끝났을 때 큰 선물이 되어 돌아옵니다.

임종상태에서 했던 그 후회와 아쉬움을 없앨 수 있는 기회가 아직도 많이 남아있다는 것을 깨닫기 때문입니다. 바로 이 현실과 앞으로 살아가야 할 긴 시간들이 큰 선물이 되는 것입니다.

그리고 내담자들은 자신들이 임종 시에 말했던 메시지를 가지고 삶을 새롭게 설계하기도 합니다.

무명 뮤지컬배우로 활동하고 계셨던 어떤 여자 내담자의 경우 임종체험에서 이렇게 말했습니다.

"당신은 이제 곧 임종을 맞이하게 될 것입니다. 혹시 신이 당신에게 다시 인생을 선물한다면 무엇을 하고 싶나요? 이생에서 아쉬웠던 점이 있다면 무엇입니까?"

"나는 너무나 소극적으로 살아왔어요. 특히, 사람들과 어울리지를 못해서 늘 외로웠죠. 나는 그들이 나를 싫어한다고 생각하며 늘 피해 다니기만 했어요. 하지만 이제야 알겠어요. 그들은 늘 나와 함께하기를 바랐다는 것을요. 나의 내성적인 성격이 오해를 만든 것이었어요. 그리고 그들은 내가 불러주는 노래와 피아노 연주를 너무나 듣고 싶어 했었어요. 왜 그걸 못 해줬을까요? 너무나 후회되네요. 다시 시간을 돌릴 수만 있다면 사람들에게 먼저 용기 내어 다가가서 어울리고 싶어요. 이제는 그들이 나를 싫어하는 것이 아니라는 것을 알기 때문에 전혀 두렵지 않거든요. 그리고 많은 사람들에게 나의 노래와 피아노 연주를 들려주고 싶어요."

미용 일을 하고 계셨던 어떤 내담자의 경우는 임종체험에서, 일생 일만 하느라 제대로 놀아본 적이 없는 것이 너무나 후회가 된다고 했습니다. 그렇게 각성한 후 좀 더 자신을 위해서 시간을 보내야겠다는 다짐을 했습니다.

30대 후반의 또 다른 내담자의 경우, 다음과 같이 말했습니다.

"내 인생은 두 부분으로 나누어져 있어요. 하나는 30대 후반까지의 인생이고 또 하나는 30대 후반 그 후의 삶이죠. 30대 후반에 나는 인생에서 큰 변화라고 할 만한 사건들을 많이 겪게 돼요. 그리고 이 모든 것은 결국 나를 성장시키는 중요한 기회가 되었어요. 나는 정말 열심히 최선을 다해서 살아왔어요. 남은 시간이 얼마 남지 않았다는 게 너무 아쉬워요. 시간이 더 남았다면 아직도 하고 싶은 것이 많거든요."

그렇게 각성한 내담자는 지금 일어나고 있는 인생의 사건들이 자신을 위한 기회가 될 것이라는 것에 확신을 가질 수 있게 되었고 앞으로 살아갈 날이 많이 남았다는 것에 대해 진심으로 감사하게 되었습니다.

이렇게 많은 내담자들이 자신의 죽음 앞에서 인생의 큰 그림을 돌아보며 자신에게 정말 소중한 것이 무엇인지를 스스로 깨닫게 되었습니다. 어떤 이는 거창한 봉사를 결심하고 또 어떤 이는 차가웠던 자신의 인생을 돌아보며 따뜻한 사람이 되어야겠다고 결심합니다.

열심히 살고 있는 당신과 제가, 현실의 죽음 앞에 후회 없는 미소를 지을 수 있기를 바랍니다.

또한, 지금 이 순간 죽음을 앞두고 있는 이가 있다면 두려움이 아닌 편안함 속에 존재하기를 바랍니다.

죽음… 그것은 더 이상 마침표가 아닙니다. 긴 여정 속의 쉼표입니다.

❖ 질문에 대한 짧은 이야기

저는 과학에도 관심이 없는 사람이었지만 사실 영성에 또한 관심이 없는 사람이었습니다.

그저 보이는 현상에 충실하고 주어진 대로 최선을 다해 경험하는 사람일 뿐이었습니다.

슬픈 일이 있으면 최선을 다해 슬퍼하고, 집착해야 할 일이 있으면 악을 쓰며 지켜내고, 좌절해야 하는 순간이 오면 최선을 다해 밑바닥에 엎어져 있기도 하며 그렇게 물질적인 세상에 충실한 경험자로 살아왔습니다.

그런 저에게 과학은 전문가들이나 알면 되는 사치스러운 학문이었고 영성은 더더욱 도인이 되려는 사람들이나 쫓아가는 나와는 별개의 세상 이야기였습니다.

호오포노포노를 하게 되면서 정화와 소통을 한답시고 올렸던 '천사들이 들려주는 이야기' 시리즈가 의외로 많은 호응을 얻게 되면서 마치 저를 영성에 대해서 많은 것을 알고 있는 사람처럼 바라보는 이들이 생겼습니다.

그런 이들을 보면서 제가 하고 있는 정화와 소통이 영성 분야라는 것을 처음 인식하게 되었습니다.

그저 나의 내면을 정화하고, 모두에게 있는 가장 순수하고 신성한 나의 영역을 알아차리는 것일 뿐인데, 그저 내 인생 내가 알고자 하고 내 자신을 내가 알고자 했던 것뿐인데 많은 이들이 "바로 그것이 영성입니다."라고 했습니다.

저는 아직도 영성이 무엇인지 잘 모릅니다. 하지만 영성을 쫓는 많은 사람들을 보아오면서 한 가지 알게 된 점은 있습니다.

'영성이라는 세상에는 질문만 가득하고 답은 없구나.'라는 것입니다. 영성에 관심이 있는 분들의 공통된 특징 중 하나가 수많은 질문을 짊어지고 있다는 것이었습니다. 엄청난 질문들이 수많은 사람들의 의식 속에 가득 차 있는 것에 반해 그 어디에도 완벽하고 명쾌한 답은 없다는 것이 참 이상해 보였습니다.

'역사 속의 위대한 성인들은 왜 이렇게 수많은 질문에 명쾌한 답을 주고 가지 않았단 말인가? 왜 끝도 없는 질문만 일어나도록 유도해놓고 정작 완벽한 해답은 알려주지 않는 것일까?'

정화를 하면서 가만히 살펴보니 많은 사람들이 실은 '질문'이라는 심층의식 속에 빠져 있음이 보였습니다.

'나는 누구인가? 내 인생은 어디에서 시작된 것인가?' 등의 심오한 질문들의 시작이 결국은 집착이 되어 질문이라는 새로운 심층의 방을 만들어놓고 그곳에 갇혀 있는 것이 보였습니다.

끝도 없는 질문 속에 갇혀 있는 것입니다. 답이라는 것에는 처음부터 관심이 없습니다.

어디에선가 답을 찾았다 하더라도 또다시 새로운 질문 속에 빠져듭니다. 오늘 찾은 답이 내일은 의미 없어지고 또 다른 질문들을 만들어냅니다.

또는 듣고 싶은 답을 정해놓고 질문을 하는 경우도 허다합니다.

진짜 질문이 아니라 저 사람이 내놓는 답이란 것이 나와 일치하는지 일치하지 않는지를 비교하기 위한 질문들을 쏟아내기도 합니다.

맞으면 '역시 내가 옳았어!'라는 확신을 더 하는 것이고 틀리면 심기가 뒤틀립니다.

사실 질문은 답을 얻기 위해 있는 것이 아닙니다.

이 세상 어디에도 완벽한 답이란 것은 없으니 말입니다.

질문은 통찰을 일으키기 위한 도구입니다. 하지만 이 질문에 스스로 빠지게 되면 또 다른 질문의 강박증에 빠지게 됩니다.

질문에 답을 찾지 않으면 내 인생이 불행해질 것 같고 그 답을 찾아야 나도 성장할 수 있을 것 같은 착각 속에 빠지게 됩니다.

기억 속에서 분리된 고요한 의식이 질문을 던지는 것이 아니라, '결핍'이라는 기억의 심층의식 속에서 답을 찾아 채우고자 하는 목적의 질문을 만들어내는 것입니다.

답을 찾고 또 찾아도 채워지지 않는 결핍의 심층 속에서 질문을 던지는 것입니다.

질문이 가지는 진짜 가치는 그것을 스스로에게 던지고 내려놓을 수 있는 것에 있습니다.

나에게 던진 그 질문이 스스로 답을 찾아 나에게 돌아올 때까지 내려놓고 기다릴 수 있음에 있습니다.

해답을 찾는 것이 나를 성장시키는 것이 아니라, 그 중요한 수많은 질문 보따리를 과감히 내려놓고 정화만 할 수 있는가에 있습니다. 불교에는 화두라는 것이 있다고 들었습니다. 일생 수행을 하면서 한 가지 질문을 지니고 있는 것이라 들었습니다. 예를 들어 '나는 누구인가?' 같은 질문 말입니다.

필자의 견해로는 '화두'라는 것의 목적이 명확한 답을 찾는 것도 있겠지만, 수행을 하면서 올라올 수 있는 수많은 어지러운 질문들과 혼란 속에 빠지지 않기 위해 중심을 잡고 있는 것에 더 큰 의미가 있는 것이 아닌가 싶습니다.

객관적으로 완벽한 해답은 없습니다. 영성에 완벽한 해답이라는 것이 있었다면 수백 년 전에 성인들이 이미 다 알려놓았을 것이고 우리는 이렇게 헤매지 않아도 되었을 것입니다.

진짜 해답은 그 질문을 내려놓고 고요할 수 있을 때 내면 깊은 곳에서 올라올 것입니다.

나에게 필요한 맞춤식의 해답이 말입니다.

그리고 그것은 나를 위한, 나만을 위한 나의 잠재의식이 선사하는 선물이기도 합니다.

정화와 소통을 꾸준히 하게 되면 외부에서 답을 찾고자 하는 질문의 노력은 점점 줄어들게 됩니다.

또한, 누군가의 지식과 의견을 나의 것과 비교분석 하려는 노력과 갈등도 사라지게 됩니다.

질문을 붙잡고 있던 현재의식의 힘이 서서히 빠지기 시작하고, 이렇게 가볍고 고요해진 현재의식은 완벽하고도 단순한 세상을 보게 됩니다. 그 어렵고 대단한 질문들이 아니어도 너무나 쉽고 자연스럽게 인생이 흘러가고 있음을 스스로 알아차리게 됩니다.

질문에 대한 답으로는 결코 볼 수 없었던 자신의 인생이 비로소 보이기 시작하고 또한 자신과 인생을 제대로 알아가기 시작합니다.

이것은 '나는 모든 것을 다 알고 있다.'라는 자만의 상태가 아닙니다. 내가 알고 있는 것이 최상이라고 말하면서 다른 사람들의 것들을 무시하고 외면하는 상태가 아닙니다.

굳이 애써서 답을 찾기 위해 방황하지 않아도 내 안에서, 혹은 누군가의 메시지를 통해서 또는 어느 책의 한 부분을 통해서 나에게 저절로 전달되어져 온다는 것입니다.

필요할 때 필요한 만큼의 통찰을 일으킬만한 일들과 메시지들이 외부에서 또는 내부에서 가장 완벽한 시간에 완벽한 모습으로 나에게 와서 내 인생을 채우게 된다는 것입니다.

결핍의 심층 속에서 하는 질문은 영원히 채워지지 않습니다.

먼저 내 안의 완벽한 부분을 온전하게 바라볼 수 있을 때 온전한 해답 또한 나에게 오게 됩니다. 관찰하는 의도만큼 내 인생에 드러나니 말입니다.

언제인가 저라는 사람이 영성에 대단한 무언가를 가진 사람이 아닐까 하는 기대로, 수많은 질문 보따리를 들고 저를 찾아온 분이 있었습니다.

"영성이나 진리에 대해서 물어볼 것이 너무나 많습니다. 하루 종일 질문해도 모자랄 것 같아요."

제가 먼저 물었습니다.

"영성이나 진리가 무엇인지 정확하게 아시나요? 정말 제가 몰라서 묻는 것입니다. 저는 정화, 소통이나 하는 사람이지 영성이 뭔지 진리가 뭔지 정확히 그 뜻도 모르는 사람이거든요. 그러니 제대로 답을 해줄 수가 없습니다. 당신은 당신이 그토록 매달리고 있는 것이 무엇인지, 그토록 열심히 쫓아가는 것이 무엇인지 정확하게 알고 계신가요?"

"……………."

"그럼 좋습니다. 왜 영성과 진리를 공부하고 계십니까? 그 목적이 무엇입니까?"

"……………."

"저는 영성이나 진리는 모르겠고 정화와 소통을 하는 이유는 나를 알고자 함입니다. 왜냐하면, 나를 알아야 내 인생도 내가 변화시킬 수 있고 나의 평화나 행복 또한 온전히 내 것이 될 수 있으니까요. 저는 그뿐입니다. 그 외에는 답해 드릴 것이 없는 사람입니다. 죄송합니다."

아마 그분은 제가 대단한 사람일 것이라는 기대에 큰 실망을 가지고 돌아갔을지도 모릅니다.

하지만 중요한 것은 명확한 목적 없이 가는 길은 방황이 될 수밖에 없다는 것입니다.

호오포노포노 세미나에 참석했을 때 휴 렌 박사님은 모든 질문을 정화하라고 말씀하셨습니다.

그 당시에는 저 또한, 수많은 질문들에 대한 해결책을 찾고야 말겠다는 야무진 포부가 있었기 때문에 그 말씀이 전혀 와 닿지 않았습니다. 지금에야 조금은 그 뜻을 이해할 수 있을 것 같습니다.

저는 영성에 대한 전문가가 아닙니다.

저는 저 자신, 그리고 제 인생의 전문가입니다.

그리고 저라는 사람이 여러분들 앞에 서는 이유는 영성과 진리를 가르치고자 하는 것이 아닙니다.

모든 사람들이 자신에 대한 전문가가 되기를 바라서입니다.

❖ 두 가지 얼굴

인생의 끝자락에 서 있는 노인의 얼굴에는 그의 내면이 고스란히 드러납니다.

관상을 보는 전문가가 아니더라도 노인의 얼굴을 찬찬히 바라보면 그의 인생이 어떠했음을, 그의 내면이 어떠했음을 짐작할 수 있습니다.

인생의 반을 넘어서게 되면 우리는 두 갈래의 길목에서 서서히 한 곳을 향하게 됩니다.

수없이 왔다 갔다를 반복하던 두 갈래의 길에서 이제는 한곳을 정하고 온전히 그 길 위에 서게 됩니다.

그 두 갈래의 길은 바로 **영감을 향한 길**과 **기억을 향한 길**입니다. 그렇게 우리는 영감과 기억 사이에서의 긴 방황을 서서히 정리하기 시작합니다. 온전한 나의 길을 정하고 그 길을 선명하게 만들고 굳히기를 시작합니다. 그렇게 선명해진 그 길은 나의 내면을 넘어서 나의 몸과 얼굴에까지 흘러나오기 시작합니다. 나이가 들면 들수록 선명해져 가는 나의 길과 함께 그렇게 얼굴 또한 굳어가기 시작합니다.

어떤 노인의 얼굴에는 그 사람의 심층의식 속 기억의 모습이 고스란히 드러나 있습니다.

고집스러운 심층자원, 비난하고 비판하려는 심층자원, 우울하고 부정적인 심층자원….

이렇게 각각의 인생에 가장 큰 부분을 차지하고 있었던 심층의 모습을 그대로 하고 있습니다.

심층의식이 곧 현재의식인 것입니다. 심층의식 속의 그 기억, 그 감정, 그 생각들이 곧 나 자체인 것입니다.

나이가 들어갈수록 심층의식 속의 특정 자원들이 '나'의 모든 것을 지배하기 시작합니다.

쉽게 화를 내기도 하고, 별일 아닌 일에 쉽게 상처받아 상대에게 독설을 퍼붓기도 하고, 조금 더 대접받기 위해, 과시하기 위해 자신을 더욱 드러내기도 하며 보이는 것에 대한 집착 또한 심해지기도 합니다. 물건들을 잔뜩 쌓아놓고서 내 것이라는 애착에 만족감을 느끼기도 하고 이상할 정도로 사소한 것에 고집을 피우기도 합니다.

자신만의 세상 속에 갇혀서 몸의 기능과 상관없이 마음으로 먼저 세상에 귀를 닫고 눈을 감아버리기도 합니다.

그렇게 몸과 마음, 뇌는 점점 더 굳어져 가며 유연성을 잃게 됩니다. 함께 어울리며 배려하고 존중하는 사회성을 잃어 세상으로부터 더욱 고립되어져 갑니다.

나이가 들면서 내면은 다시 원점을 향해 돌아가는 것입니다.

시간은 흘러가고 몸은 늙어가지만 내면은 다시 이 세상에 태어날 당시의 모습으로 점점 돌아가는 것입니다.

무엇이든 적대시하며 예민하게 굴었던 사춘기의 모습으로 역행하고, 작은 모습으로 큰 세상을 불안하게 바라보던 어린아이의 모습으로 역행하고, 미운 7살, 고집쟁이 4살로 역행하는 것입니다.

그리고 마침내 이 세상에 힘겹게 모습을 드러내고 거칠게 악을 쓰며 울어대던 그 모습으로 이생을 마감하는 것입니다.

어떤 노인의 얼굴에는 영감의 빛이 가득 차 있습니다.
투명하고 맑은 눈빛에는 지혜와 현명함이 가득 배여 있습니다.
어떤 행색을 하고 있는지는 전혀 상관없이 그 얼굴은 화사하게 빛이 납니다.
깊게 팬 주름도, 검버섯이 가득한 피부도 너무나 자연스럽고 아름다워 보입니다.
서서히 말라 가는 꽃의 아름다움을 보신 적이 있으십니까?
서서히 빛바래 가는 그 모습에서 자연스러움의 아름다움을 보신 적이 있으십니까?
늘 같은 모습을 하고 있는 조화(造花)에서는 결코 찾아볼 수 없는 자연의 아름다운 향기 말입니다.
그 향기롭고 온화한 미소가 보는 사람들까지 여유롭고 따뜻하게 만들어주는 노인의 얼굴이 있습니다.

그들의 얼굴에는 자신의 잠재의식의 모습이 그대로 드러나 있습니다. 긴 세월 겪어왔던 수많은 경험들은 그들을 성장시키고 진화시킨 소중한 기회들이 되었고, 그들이 해왔던 젊은 날의 방황은 삶의 큰 통찰로 이어져서 마침내 고요하고 평화로운 인생 속으로 그들을 이끌었습니다. 그들이 내뿜는 지혜로운 영감과 평화로운 에너지는 존재만으로도 주변의 젊은이들에게 큰 위안과 힘을 실어줍니다. 그렇게 그들은 더욱더 중요한 사회의 일원으로서 조용하지만 큰 자리 위에 앉아있게 됩니다.

그들은 나이가 들면서 진화와 성장을 한 사람들입니다. 많은 경험만큼, 많은 방황의 시간만큼 온전히 앞을 향해 나아간 사람들입니다.

누군가는 일생을 내 안에 쌓고 또 쌓기를 반복하면서 그 무거운 것들을 마지막까지 지키기 위해 애쓰느라 나이가 들수록 지친 얼굴이 선명해집니다.

하지만 또 어떤 누군가는 일생, 자신도 모르게 쥐고 있었던 수많은 내면의 짐들을 비우고 또 비워내면서 나이가 들수록 편안한 얼굴을 하고 있게 됩니다. 그렇게 모든 것을 내려놓고 더욱 가볍고 맑은 모습으로 홀가분하게 이생의 마지막을 향해 가고 있는 것입니다. 이생을 시작할 때는 울면서 시작했으나, 이생을 끝낼 때는 가장 평화로운 미소를 짓고 있을 것입니다.

살아 있는 '신'의 모습으로 죽음이 아니라 차원을 달리할 것입니다.

필자는 거울을 볼 때 저의 눈빛을 봅니다.

어느 날은 너무나 맑게 빛이 나고, 또 어느 날은 우울한 감정이 고스란히 흘러나오기도 합니다. 그렇게 거울을 보며 저의 분위기를 관찰합니다. 내 얼굴은 나의 어떤 부분을 닮아가고 있는가 하고 말입니다.

필자가 여자인지라 여자의 관점에서 조금 더 말씀을 드리자면, 소위 중년의 나이로 넘어서게 되면 더 이상 화장으로도 예쁜 옷이나 가방으로도 가릴 수 없는 것들이 있게 됩니다. 그것은 주름이나 잡티가 아닙니다. 바로 얼굴 전체에서 흘러나오는 분위기입니다.

부드럽고 밝은 분위기, 얼굴 전체에 가득 차 있는 미소는 그 어떤 액세서리나 옷보다 크게 부각 되기 시작하고, 반대로 불평과 불만에 가득 차 있는 원망스런 그 고집은 아무리 좋은 옷을 입고 화장을 예쁘게 해도 더 이상 가려지지 않습니다.

그리고 이것은 나이가 들수록 더욱 선명해집니다.

그래서 나중에는 가만히 있어도 미소가 얼굴에 배여 있는 사람이 되고, 또는 웃으려고 해도 웃어지지 않는 사람이 됩니다.

아름답게 늙을 수 있다는 것은 모든 여자들의 간절한 바람일 것입니다. 필자 또한 마찬가지입니다.

정말 아름답게 늙어가고 싶다면 더 늦기 전에 자신의 얼굴을 잘 살펴보시기 바랍니다. 어떤 분위기를 풍기는 사람으로 나이가 들고 있는지 말입니다.

내 얼굴이 지쳐있다면 정화하십시오.

"힘들었구나. 많이 지쳐있었구나. 아무도 몰라봐서 더 힘들었지…."

내 얼굴에 외로움이 잔뜩 묻어있다면 정화하십시오.

"많이 외로웠구나. 정말 미안하다. 아무도 알아주지 않아서 얼마나 답답하고 외로웠을까…."

내 얼굴이 환하게 웃고 있다면 소통하십시오.

"와… 참 아름답네. 좋아. 이 정도면 충분히 예쁜걸! 정말 고맙다. 그렇게 환하게 웃어줘서."

내 얼굴에 편안함이 묻어있다면 소통하십시오.

"정말 잘해왔다. 대단해. 힘든 일도 많았지만 씩씩하게 잘 해내고 있지. 앞으로도 부탁해."

그렇게 내 얼굴에서 기억 속의 상처가 보이면 정화하면서 안아주고, 또 내 얼굴에서 편안하고 밝은 영감의 모습이 보이면 감사하면서 소통하면 됩니다.

거울 속의 나와 눈을 마주치며 정화와 소통을 해보시기 바랍니다. 그 어떤 누구도 나 자신의 아픔과 수고로움을 완벽하게 알아주지는 못합니다. 나 자신은 스스로 챙기고 돌봐야 합니다. 그것은 곧 자존감으로 연결됩니다.

그리고 늘 아름다운 정화의 말들을 하십시오.
'미안해. 용서해줘. 고마워. 사랑해.'

아름다운 말은 아름다운 행동을 만들고, 다시 그 말과 행동은 성격과 내면을 아름답게 만듭니다. 그리고 그 내면의 아름다움이 숨기고 싶어도 결코 숨길 수 없을 만큼 내 얼굴에 가득 차게 될 것입니다.

남들보다 예쁘지 않아서 열등감을 가지고 살아왔거나 무시당하며 살아왔던 사람도 나이가 들면서 완전히 다른 사람이 될 수 있습니다.

결코, 인위적으로는 만들 수 없는 분위기의 성형을 정화를 통해 하시기 바랍니다.

지금 여러분들은 삶의 어디쯤에 와 계십니까?
여러분들은 어떤 길 위에 서 계십니까?

두 갈래의 길 위에서 어느 길에서 더 많은 시간을 보내고 어느 길 위에 서 있을 때 더 익숙함을 느끼십니까?

그 길이 이제 여러분의 길이 될 것입니다.

그리고 그 모습이 온전히 나이와 함께 얼굴에 드러날 것입니다.

❖ 에너지 속의 세상

세상은 온통 에너지의 물결 속에 존재하고 있습니다.

감각적인 눈으로 보는 물질세상이 전부라고 치부해 버리는 것은 이제 낡은 선입견일 뿐입니다.

과학자들조차도 모든 물질들이 결국은 에너지의 덩어리로 이루어져 있다고 표현합니다.

모든 물질 하나하나에 저마다의 에너지들이 농축되어 있다는 것입니다.

당장 에너지라는 추상적인 단어를 빼고 보더라도 옆에 앉아 있는 그 사람과 나 사이에는 공기가 존재합니다.

텅 빈 공간 속에 분리되어 있는 것이 아니라 한 수족관을 공유하는 물고기들처럼 그들과 나는 한 공기를 공유하고 있는 것입니다.

내가 숨을 쉬고 있는 이 공기는 그들이 숨 쉬는 공기와 같으며 그렇게 그들과 나는 연결되어있습니다. 좋은 공기도 나쁜 공기도 서로 공유하면서 말입니다.

그리고 이 공기의 입자를 나누고 나누어 보면 결국은 에너지의 흐름으로 표현할 수 있게 됩니다.

이렇게 에너지의 관점에서 살펴보면 결국 완전한 분리는 없습니다. 공기를 하나의 경계를 두고 분리할 수 없는 것처럼 우리는 에너지라는 거대한 물결 속에서 모두 하나인 듯 연결되어 그 무엇을 함께 공유하며 함께 나누고 있다는 것입니다.

모든 장소, 물질, 사람들은 각각의 에너지의 색이 있습니다.

특정 장소에 농축되어 있는 어떤 에너지는 때론 사람들을 공포스럽게 하거나 불쾌하게 만들 수도 있고 반대로 또 다른 특정 장소에 농축되어 있는 다른 에너지는 사람들을 안정시키거나 고요하게 만들 수도 있습니다.

오랫동안 버려진 폐가의 느낌과 사람들이 살고 있는 곳의 느낌은 완전히 다를 수밖에 없습니다.

끔찍한 연쇄 살인이 벌어졌던 곳과 좋은 마음으로 기도를 하기 위해 모이는 사찰이나 교회의 느낌은 완전히 다를 수밖에 없습니다.

에너지를 느끼지 못하는 사람은 없습니다. 표현이 낯설 뿐입니다. 누구나 각각의 다른 에너지 속에서 자신만의 방식으로 그것을 인식하고 느끼면서 차별하고 있습니다.

특별한 이유는 없지만, 왠지 나를 편하게 하는 사람과 함께하고 싶어 하고 또 반면에 나를 불편하게 만드는 사람과의 만남을 꺼리며 따뜻하고 좋은 느낌이 드는 곳에서 머물고자 은연중에 노력을 하고 있다는 것입니다.

내가 유독 아끼는 물건은 늘 지니려고 하고 왠지 정이 가지 않는 물건은 쉽게 버리기도 합니다.

마치 숨쉬기가 힘든 탁한 공기가 가득한 방에서 본능적으로 나오려고 노력하고, 산소가 가득한 방에서 상쾌함을 느끼며 저절로 큰 호흡으로 그것을 빨아들이는 것과 같습니다.

또한, 지니고 있으면 나쁜 일이 연이어 일어나게 하는 불길한 물건들이 있는가 하면 반대로 지니고 있는 것만으로도 나에게 행운을 가져다주는 물건들이 존재하기도 합니다.

이렇듯 특정 장소, 특정 물건들이 사람들에게 미치는 미스터리한 영향들은 수많은 책과 언론자료들에서 그 사례들이 소개되어지고 있습니다. 물론 사람들의 심리적인 믿음이 그러한 현상들을 부추기고 있는 것이라 하더라도, 어찌 되었든 사람들의 그 심리적 감정이 에너지의 형태로 그 장소 그 물건에 고스란히 투영되어 더욱 그것을 농축시키게 됨은 결국 같은 맥락입니다.

호오포노포노의 개념에서 사물과 대화하고 교감을 나누는 것 또한 그곳, 그것에 농축되어 있는 에너지의 성질과 교감하는 것입니다.
나를 둘러싸고 있었던 강력한 생각과 감정, 기억이라는 에너지의 장막이 정화로써 사라지게 되면 그곳에 서려 있는 본연의 에너지를 쉽게 느낄 수 있게 됩니다.
제가 체험해왔던 천사들이 들려주는 이야기 에피소드들도 그런 맥락에서 가능했던 일입니다.
물론 상당 부분 본의 아니게 제 의식의 개입이 있었을 것이고 또한, 막연한 에너지의 느낌을 언어로 표현하는 데 있어 많은 왜곡이 있었을지도 모르지만, 사실 호오포노포노에서 말하는 이러한 교감들이 전혀 비논리적인, 전혀 일어날 수 없는 망상 속에서만 가능한 것은 아니라는 말입니다.

인간도 쪼개고 쪼개어 보면 결국 에너지 입자일 뿐이고 앞에 피어 있는 저 꽃 한 송이도 결국 쪼개고 쪼개어 보면 나와 똑같은 에너지 입자일 뿐이라는 양자물리학의 관점에서 본다면 더더욱 말입니다.

조금 더 디테일한 의식체계를 가졌다는 이유만으로 모든 교감과 표현은 인간들 사이에서만 가능하다는 주장은 더 이상 이 시대에 맞지 않습니다. 유연한 사고는 변화와 진화로 이어집니다.

머리로 이해할 수 있는 것만 받아들이겠다고 선언한다면 인생 또한 그 머릿속, 고작 평균 1,300g밖에 되지 않는 뇌 속에 갇혀 있게 됩니다.

필자가 체험했던 수많은 교감들 중에는 별 의미 없이 결국은 '내 안의 기억이 만들어냈구나'하고 넘어갔던 부분들도 많았고, 때로는 정말 '이것을 어떻게 설명해야 할까?'라는 진지한 물음을 던지게 만들었던, 현실적인 결과와 통찰로 이어졌던 뜻깊은 교감들도 많았습니다.

그에 관련된 에피소드들이 필자의 첫 번째 책, ≪내 인생의 호오포노포노 : 천사들이 들려주는 이야기≫에 고스란히 나와 있습니다.

사물들을 향하고 있던 나의 선입견과 기억들을 정화하다 보면 가끔은 그것으로부터 강렬한 느낌이 전해져올 때가 있습니다. 그 느낌은 그들이 가지고 있었던 본연의 에너지일 것입니다.

그리고 그중에서 어떤 교감들은 저에게 특정 메시지를 전해주고 있는 것처럼 선명한 느낌으로 제 마음속에서 반복적으로 맴돌기도 합니다. 저의 잠재의식인 케오라의 메시지들처럼 말입니다.

다음은 그런 교감이 현실적인 결과로 드러났던 몇 가지 사례입니다.

그리고 그 교감들은 독자들의 이해를 돕기 위해 편의상, 대화를 주고받는 형식으로 표현되어졌습니다.

어느 날 집 청소를 하면서 여느 때와 같이 정화를 하고 있었습니다.

"사랑해. 고마워."

"나도 사랑해. 하지만 이제 우리는 인연이 다 되어가."

그 후에도 청소를 하고 정화를 할 때마다 그와 비슷한 느낌의 메시지가 느껴졌습니다.

"사랑해. 고마워. 많이 낡기는 했지만, 다시 예쁘게 꾸며줄게."

"아니… 고맙지만 그건 이 집에 들어올 새로운 사람이 해줄 거야. 넌 그냥 너의 집으로 가면 돼."

"자꾸 밀어내려고 하지 마. 난 이사할 형편이 안 된단 말이야."

"내가 밀어내는 게 아니야. 네가 가야 할 곳에서 널 끌어당기는 거지."

그리고 그 후 저는 정말 거짓말처럼 계획에도 없었던 이사를 하게 되었습니다.

무심코 길을 가다 분양 중이라고 적힌 한 아파트를 보게 되었고, 가벼운 마음으로 구경 갔던 것이 이사로까지 이어지게 되었습니다.

이미 분양이 끝난 상태였는데 제가 갔던 그 시각, 마침 어떤 분이 분양권을 포기하겠다고 하는 바람에 갑작스럽게 성사되었던 것입니다. 그것도 저층이 아닌 가장 빨리 분양이 끝났던 프리미엄 층으로 말입니다.

극적인 타이밍에 그곳을 들렀던 것이 지금 생각해보면 결코 우연은 아니었던 것 같습니다. 마치 그분이 저 대신 집을 맡아두었다가 때가 되어 저에게 돌려주는 듯한 느낌이 들었습니다. 또한, 해결되지 않을 것 같았던 경제적인 부분도 계약을 한 후, 거짓말같이 하나씩 해결되기 시작했습니다. 모든 것은 그렇게 완벽했습니다. 정말 새집이 저를 끌어당기는 것처럼 그 이사는 완벽한 에너지의 흐름 속에서 이루어졌습니다.

머리로 하는 계산, 분석, 계획에서 이루어지지 않았던 그 이사는 저의 일생에 가장 완벽한 타이밍에 완벽하게 마음에 드는 집을 선사했습니다. 밀어내려는 에너지와 끌어당기는 에너지의 조화 속에서 저에게 맞는 멋진 보금자리를 찾게 된 것입니다.

이 세상은 에너지의 물결 속에 존재합니다.

또한, 우리의 인생도 거대한 에너지의 물결 속에서 흘러갑니다.

힘을 빼고 고요해지면 자연스럽게 이 물결의 흐름이 느껴집니다.

내가 가야 할 곳, 내가 해야 할 일, 내가 보내야 할 사람, 내가 새롭게 만나야 할 사람, 나에게 흘러들어오는 돈, 나에게서 나가려고 하는 돈, 거센 물결이 빠르게 인생을 몰아가는 순간도 있고, 쉬어가라는 듯 잔잔하고 고요하게 천천히 흘러가는 순간도 있습니다.

그러니 조바심 낼 일이 사라지게 됩니다.

알아서 이렇듯 강약 조절해가며 완벽하게 흘러가니 말입니다.

2015년 1월 어느 날, 바다를 보면서 정화했었습니다.

"사랑해. 고마워."

"곧 너의 자리가 변하게 될 거야. 너만의 새로운 종이가 생기게 돼. 축하해."

그리고 그 다음 해에 저는 책을 출판하게 되었습니다.

오랜 시간 동안 직업 없이 살아왔던 제가 몇 권의 책으로 작가라는 자리에 앉게 된 것입니다.

그리고 저에게는 너무나 소중한 종이(?)인 저의 책이 생기게 되었습니다.

얼마 전에 있었던 안타까운 일입니다.

컴퓨터로 이것저것 작업을 하고 있었는데 불현듯 머릿속에서 이런 생각이 드는 것입니다.

'내가 만약 오늘 갑자기 죽게 된다면 어떤 일이 생기게 될까? 주변 사람들은 얼마나 놀라고 충격을 받게 될까?'

뜬금없이 올라온 그 생각은 사라질 줄 모르고 머릿속에서 진지하게 맴돌았습니다.

그리고 10분쯤 후에 울트라 뎁스® 한국 지부의 권동현 원장님으로부터 한 통의 문자를 받게 되었습니다.

"제임스 라메이 선생님이 오늘 아침 돌아가셨습니다. 정화 부탁드립니다."

제 머릿속에서 강하게 맴돌았던 그 생각은 사실 제임스 라메이 선생님의 갑작스러운 죽음을 알리는 케오라의 메시지였던 것입니다.

갑작스러운 죽음, 놀람과 충격이라는 이 메시지를 저는 저의 잡념이라고 치부하고 있었던 것입니다.

최면 분야 중에서도 의식이 도달할 수 있는 가장 깊은 부분인 씨코트 상태를 다루고 있는 울트라 뎁스®의 거장 제임스 라메이 선생님이 새벽에 갑작스러운 죽음을 맞이했다는 것입니다.

그분을 직접 뵐 일은 없었지만, 그분의 여러 업적들을 잘 알기에 마음으로 존경하고 있었던 터라 그 소식은 울트라 뎁스®를 알고 있는 세상의 수많은 사람들과 함께 저에게도 충격이었습니다.

저는 컴퓨터를 접고 조용히 정화를 했습니다.

"마음이 아프네요. 정말 안타깝습니다. 당신의 고통을 몰랐네요. 정말 미안합니다. 용서하세요. 진심으로 고마웠습니다. 그리고 사랑합니다."

그러자 순간 이상한 느낌이 들기 시작했습니다.

결코, 시각적이지 않은, 하지만 시각적인 것 같은 형태로 제임스 라메이 선생님의 모습이 느껴지는 것입니다.

그 모습은 아니 그 느낌은 아주 생생했습니다.

제임스 라메이 선생님은 생각보다 밝고 활기찬 모습으로 느껴졌습니다.

"혹시 제가 지금 당신의 에너지를 느끼고 있는 건가요? 당신은 머나먼 미국에 있는 사람인데 제가 어떻게 이렇게 생생하게 느낄 수가 있나요?"

"당신이 나에게 초점을 맞추고 끌어당겼기 때문에 가능한 일입니다."

"왜 이렇게 빨리 생을 마감하시는 건가요? 너무 안타깝네요."

"난 만나야 할 사람들을 다 만났고 해야 할 일을 다 했어요. 그리고 죽음의 직후에 알게 되었답니다. 내가 그동안 나의 죽음을 하나씩 준비해오고 있었다는 걸 말이에요. 나의 죽음은 결코 갑작스럽지 않아요."

"임종하실 때 힘들거나 고통스럽지는 않았나요?"

제임스 라메이 선생님에게서 연신 특유의 어떤 표정과 제스처를 취하는 듯한 느낌이 강하게 들었습니다.

마치 개구쟁이 아이처럼 해맑게 그리고 장난스럽게 나에게 무엇인가를 말하고 싶어 하는 것처럼 느껴졌습니다.

"아니요. 전혀 고통스럽지 않았어요. 죽음의 직전 내가 만끽했던 것은 자유와 해방이었어요. 난 생전에도 늘 그래 왔듯이 내 몸의 고통을 아주 잘 컨트롤했답니다. 나는 당신들에게 말하고 싶어요. 죽음의 과정은 생각보다 심각하지 않았어요."

마치 제임스 라메이 선생님은 오히려 슬픔에 빠져 있는 사람들을 위로해주고 싶어하는 듯했습니다.

"내가 미스터 문(한국 울트라 뎁스® 에듀케이터인 문동규 원장님)에게 돌려줄 것이 있어요. 그리고 나는 그것을 돌려줄 겁니다."

나중에 원장님께 이 이야기를 전해드리니 제임스 라메이 선생님과 원장님 둘만 알고 있는 사적인 일이 있었고 무엇을 말하는 것인지 알겠다며 놀라워하셨습니다. 그리고 또다시 며칠 뒤, 다른 사람을 통해서 그것을 정말 돌려받게 되었다는 소식을 전해주셨습니다.

"이렇게 정화하고 당신을 부를 때마다 지금처럼 교감을 할 수 있나요?"

"아니요. 그렇지는 않습니다. 당신은 특별한 사람이에요. 당신은 죽은 사람의 에너지를 읽지 않아요. 생명의 에너지를 느끼고 끌어당긴 겁니다. 그리고 지금 나는 점점 이 에너지를 유지하고 있는 것이 힘들어지

고 있어요. 왜냐하면 나의 생명의 에너지가 점점 약해지고 있기 때문이에요. 내 생명의 에너지가 어느 지점을 찍고 경계 아래로 내려가게 되면 당신은 나를 느낄 수가 없을 겁니다."

그 후 원장님께 이 느낌들을 이야기했을 때 우리는 함께 놀랄 수밖에 없었습니다.

제임스 라메이 선생님을 전혀 만나본 적이 없었던 제가 느낀 그분의 모습, 그리고 특유의 제스처들, 표정의 느낌들이 실제로 생전의 제임스 라메이 선생님이 했던 버릇과 똑같다는 것입니다.

오히려 그를 잘 알고 있는 자신보다 더 제임스 라메이 선생님을 잘 알고 있는 것 같다며 놀라워했습니다.

자신이 직접 체험해보지 못한 경험이나 자신이 지금까지 믿어왔던 논리와 이론에 맞추어지지 않는 것들은 사실 거부감이 일어날 수밖에 없습니다. 외면하고 싶어지는 것이 당연한 것입니다.

혹시 그런 거부감이 드는 독자가 있더라도 저는 당신을 진심으로 이해할 수 있습니다.

왜냐하면 저도 그랬으니까 말입니다.

하지만 정화와 소통은 저에게 그 모든 것을 가능하다고 말하게 해주었습니다.

우리가 불가능하다고 말하는 체험도, 힘들 것이라고 포기하게 만드는 일들도, 변할 것 같지 않았던 딱딱한 물질의 인생도, 천성은 변하지 않는다는 속설도….

정화는 그 모든 것이 가능하다고 말하게 해주었습니다.

제 체험을 믿으라는 말은 하지 않겠습니다.
다만 이 책을 읽는 모든 독자들이 자신의 한계를 넘어서는 인생의 경험을 만끽해보시기를 바랍니다.

❖ 진실 vs 거짓

　사람들은 '사실'이라는 것에 유독 약합니다.

　사람들은 '사실'이라는 것 앞에서는 모든 비판을 멈추고 한없는 아량을 베풉니다.

　아무리 고집스러운 사람도 지구가 둥글다는 것을 놓고 비판하려고 하지는 않습니다.

　아무리 잘난 사람, 아무리 똑똑한 사람도 '사실' 앞에서는 모든 논쟁을 멈추고 그것을 온전히 받아들입니다.

　그렇다면 그들이 보고 있는 '사실'이 정말 '사실'일까요?

　그것은 어떤 근거로 '사실'이 되는 것일까요?

　또 '사실'이 아닌 것, 애매한 것은 왜 쉽게 '거짓'이 되어버리는 것일까요?

　이 세상엔 진실과 거짓을 구별할 수 없는, 아니 구별할 필요가 없는 것들로 가득 차 있음에도 불구하고 우리의 의식은 늘 이렇게 명확하게 나누기를 원합니다.

　이것 아니면 저것, 옳은 것 아니면 틀린 것, 진실 아니면 거짓, 추상적인 것을 낯설어하고 명확하게 인식할 수 있는 것을 이해하기 쉬워하는 것은 어쩌면 우리 뇌의 오랜 습관인지도 모릅니다.

저 또한 오랜 시간을 저의 내면을 향해 진실과 거짓, 사실과 거짓을 명확하게 구별해 달라고 닦달해왔습니다.

그럴 때마다 케오라는 한결같이 말했습니다.

"의식으로는 절대적인 진실과 거짓을 구별할 수 없어. 믿으면 진실이 되어버려. 너에게 유리한 것을 진실로 만들어. 그거면 돼."

우리의 믿음이 인생에 얼마나 절대적인 영향을 주고 있는지는 주변을 조금만 살펴보면 쉽게 알 수 있습니다.

잊을 만하면 언론에 등장하는 사이비종교에 빠져 있는 광신도들의 이야기들.

교주의 말은 곧 그들에게 절대적인 믿음이자 완벽한 사실입니다. 그리고 그 '사실'은 그들을 도인(?) 아닌 도인으로 만들어버립니다.

왜냐하면, 그들은 그 '사실' 앞에서 소중한 것들을 아주 쉽게 내려놓으니 말입니다. 가족도 내려놓고 일생을 모아온 소중한 재산도 다 내려놓고 심지어는 목숨까지도 내려놓으니 말입니다.

1960년대 미국에서 크게 부각되었던 악마를 숭배하는 살인 단체에서 아무렇지도 않게 저질렀던 만행들 또한, 멀쩡하게 살아가던 그 누군가에게 어느 날 그 그릇된 믿음이 '사실'이 되어버린 순간 스스로 살인자가 되기를 허용한 것입니다.

극단적인 예를 접고 일상으로 돌아와보겠습니다.

우리의 모든 선택은 우리의 믿음 다시 말해 우리가 사실이라고 믿고 있는 그것으로부터 결정됩니다.

'저 사람과 함께라면 평생 행복할 수 있을 거야.'

'저 사람과 손잡으면 내 사업에 유리할 거야.'

'저것이 사실이니 내가 이렇게 하는 게 당연한 거야.'

무엇을 믿고 무엇을 사실로 만드느냐는 생각보다 우리의 인생에 아주 중요한 부분입니다.

그 믿음, 그 사실이 곧 인생의 선택으로 이어지기 때문입니다.

나에게 불리한 줄도 모르고 믿고 따라가다가 낭패를 보게 되기도 하고, 나에게 유리한 줄도 모르고 대충 겉만 훑어보고 따지다가 소중한 기회들을 거짓이라며 버리기도 합니다.

'사실, 진실'이라는 말에는 엄청난 에너지가 일어납니다.

이 에너지는 곧 창조로 이어지게 됩니다.

그것이 우리에게 유리한 것인지, 불리한 것인지는 중요하지 않은 채 우리가 그것을 '사실이야! 그것이 진실이야!'라고 강하게 선언하는 순간 그것에는 엄청난 에너지가 실리게 됩니다.

반대로 '에이 거짓이네.'라고 믿어버린다면 일순간 그것에는 힘이 빠져버리게 됩니다.

사실과 진실은 창조를 끌어내고 거짓은 힘없이 맴돌다가 곧 소멸로 이어집니다.

여러분들이 믿고 살아왔던 '사실'이란 것들은 무엇이었습니까?

그것은 여러분의 세상을 둘러보면 그대로 드러날 것입니다.

'돈이란 정말 죽을 만큼 힘들게 일해야 겨우 벌 수 있는 거야. 그게 사실이야.'

'나는 사랑 받을 자격이 없어. 그게 사실이야.'

'나는 몸이 약해. 나이가 들수록 병치레가 잦아질 거야.'

'인간관계는 정말 힘들어. 내 주위엔 온통 이기적인 사람들로 가득 차 있어.'

이러한 말들 뒤에는 '그게 사실이야.'라는 강력한 믿음이 뒷받침되어 있습니다.

그 사실은 말 그대로 '사실'로서의 가치를 지니고 우리의 선택을 강요하고 현실적인 현상을 만들어내게 됩니다.

지금부터라도 여러분이 무엇을 사실로 믿고 살아왔는지 스스로 인식을 해보시기 바랍니다.

여러분들 인생의 밑바탕을 이루고 있는 '사실'들이 무엇인지를 끄집어내어 확인을 해보시기 바랍니다.

그 '사실'이라는 벽을 알아차리고 스스로 그 벽을 정화하게 될 때 우리 인생의 한계도 사라지게 됩니다.

그 '사실'이라는 벽을 허물어 버릴 때 진짜 인생의 '진실'이 들어오게 됩니다.

저는 정화와 소통을 해 오면서 제 내부의 '사실'들을 알아차리고 정화 작업을 해왔습니다.

그렇게 내가 믿고 살아왔던 인생의 '사실'들을 하나하나 정화해 나가면서 저는 제 인생의 진짜 '사실'들을 보게 되었습니다.

저 또한, 여전히 양극화된 마음의 중간에서 혼란에 빠질 때가 종종 있습니다.

'난 할 수 없어.'라는 마음과 '난 할 수 있어.'라는 마음의 사이에서.

'그건 불가능해.'라는 마음과 '그건 가능해.'라는 마음의 사이에서.

'아무것도 하지 마.'라고 이야기하는 무력함과 '나서서 해보자!'라고 말하는 적극성 사이에서.

따지고 의심하고 싶은 갈등과 '심각할 필요 없어.'라고 말하는 명료함 사이에서 여전히 혼란과 갈등을 경험하고 있습니다.

다만 저는 이제 확실히 압니다.

그중 무엇이 진짜 나의 진실인지 말입니다.

무엇이 '착각의 나'이고 무엇이 '진짜 나'인지 말입니다.

나는 긍정적이고 현명한 사람입니다.

무엇이든 유연하게 인생의 흐름을 따라갈 수 있는 지혜로운 사람입니다.

'내 인생에 한계란 없다!'라는 것이 나의 진실임을 압니다.

그게 진짜 나의 모습입니다.

그리고 그것은 여러분들의 진짜 모습이기도 합니다.

진실과 거짓 사이의 혼란 속에서 고요하게 내가 지금껏 믿어왔던 사실을 정화하십시오.

나를 환하게 비춰주는 빛이 있는 곳이 진실이라는 것에 스스로 강하게 동의하십시오.

끊임없이 올라오는 착각들은 중요하지 않습니다.

내가 그것을 거짓이라고 이야기하는 순간 힘을 잃어버리기 때문입니다.

내 안에 진실의 중심이 잡혀있다면 혼란이 두려울 이유가 없어집니다.

어차피 결국은 그 진실대로 따라가게 되어있기 때문입니다.

왜냐하면 사실과 진실이라는 선언 자체가 엄청난 에너지를 싣는 행위이기 때문입니다.

또한, 정화하면서 가짜 '사실'들을 정리해 나가기 시작하면 알아서 저절로 진짜 '사실'이 드러나기 때문입니다.

진실과 거짓이라는 정의 자체도 놓아버려야 함이 맞겠지만, 도인이 될 만큼 해탈해 있지 않은 상태의 저와 여러분이라면 내 인생의 '사실'이었던 것들을 알아차리고 정화하는 것만으로도 대단한 것입니다. 그렇게 정화하면서 나를 미소 짓게 만드는 진짜 내 모습을 알아차리는 것만으로도 우리는 대단한 것입니다.

인생의 갈림길에서 선택을 해야 하는 순간이 온다면, 망설임 없이 가벼운 길을 선택하십시오. 그게 진실의 길입니다.

착각의 길은 애를 써야 합니다. 진짜 내 모습이 아니니 애를 쓰면서 버텨야 합니다.

내가 가볍게 할 수 있는, 마음의 짐을 가장 가볍게 안을 수 있는 길을 선택해야 진짜 내 모습을 찾아갈 수 있게 됩니다.

무언가 선택을 해야 하는 순간이나 특정 상황 속에서 어떤 행동을 취해야 할 순간이 왔을 때, 정화와 소통을 하기 전의 저는 미래의 이익을 계산해보거나 타인의 관점에서 비춰지는 나의 모습을 짐작해보거나 객관적으로 내려질 나의 평가에 신경 쓰면서 선택을 하고 행동을 취해왔습니다.

그렇게 선택하고 살아오면서 정작 진심으로 그것에 만족했던 적은 거의 없었던 것 같습니다.

조금 더 나은 선택을 하지 못한 것에 대해 후회하기 일쑤였고, 타인의 만족과 높은 평가 속에서도 나의 마음은 정작 불편하고 지쳐가기만 했습니다.

말 그대로 애를 쓰면서 그 선택을 유지하고 버티고 있었던 것 같습니다.

그런데 지금은 완전히 다른 기준으로 선택을 합니다.

내 마음이 무엇을 하고 있을 때 덜 힘들고 최대한 편안할 수 있을까?

내 마음에게 먼저 우선권을 쥐여줍니다.

사람들이 어떻게 평가할지는 더 이상 중요한 문제가 아닙니다.

그들의 '사실' 기준에서 나온 그들만의 몫일 뿐입니다.

미래의 이익도 더 이상 중요한 문제는 아닙니다.

억지로 이익을 계산해서 지키려는 동안 정작 얻은 것보다는 잃은 것이 더 많았다는 것을 이제는 알기 때문입니다.

조용히 내 마음을 향해 정화합니다.

'고마워. 사랑해.'

그리고 내 마음이 가리키는 곳, 버려야 되는 곳이 아니라 최대한 힘을 빼고 존재할 수 있는 곳으로 갑니다.

때론 이기적이라는 소리를 듣기도 하고 때론 잘못 선택했다는 주변의 비난을 듣기도 하지만 전혀 걱정하지는 않습니다.

내 마음이 선택한 곳이 진짜 나를 보여줄 곳이라는 확신이 있기 때문입니다.

나는 대단하게 존재하기를 원하지 않습니다. 나는 딱 '나'이기를 원할 뿐입니다.

착각 속의 나를 연기하며 억지로 버티면서 칭찬받기보다는 진짜 나의 모습으로 딱 '나'일수 있는 만큼만 살고 싶습니다.

대단하고 심각한 길 위에서는 나의 진짜 모습을 볼 수 없습니다.

편안하고 가벼운 길 위에서 진짜 나의 모습을 발견할 수 있게 될 것입니다.

그들이 들려주는 이야기 I

(호오포노포노 정화기 - 물고기자리님)

　2015년 11월, 저는 16년 동안 병가 하루 쓴 적 없이 일해 온 직장에 1년 휴직계를 냈고 이제 5개월째에 접어들었습니다.

　이것은 제 인생에서 나를 위해 한 일 중 가장 큰 사건이었습니다. 16년 동안 직장에서 나름대로 인정도 받았고 일밖에 모르고 살아왔으나 승진의 기점에서 돌연 휴직계를 낸 것입니다.

　사실 전 처음부터 승진에는 관심도 없었지만 일을 열심히 하는 것으로 다른 사람들에게 인정받는 게 사랑받는 거로 생각했었던 듯합니다. 저 역시 사랑과 관심을 받고 싶은 마음에 그렇게 달려왔는지도 모르겠습니다.

　싱글로 살아온 제 인생에 나만의 시간이 생겼을 때 저는 또다시 다른 사람들에게 인정받는 일 '누구나 도덕적으로 옳다고 칭찬받을 수 있는 일'을 계획했었지만, 지금은 오롯이 호오포노포노 책을 늘 손에 든 채로 동네 도서관을 오가고 있습니다.

　그리고 현재는 온전한 휴식 속에 있습니다.

　저는 10대나 20대엔 정신세계 관련 책이나 명상수련, 이러한 것들에 빠져 있었고 30대에는 최면에 관련한 책들을 보거나 오컬트 등등에 매료되어보기도 하였습니다. 이렇게 저는 자연스럽게 나에게 중요한 것들이 무엇인지 찾는 내면의 여행을 시작했던 것 같습니다.

도대체 산다는 게 뭔지 누가 가르쳐주면 좋을 것 같았는데 답은 쉽게 찾아지지 않았습니다. 그리고 이것 역시도 정화 거리란 것을 그때는 몰랐습니다.

■ 내 인생에 들어온 사건 하나

호오포노포노는 2009년쯤 저의 인생의 가장 힘들었던 삼십 중반 시기에 자연스럽게 만나게 되었는데, 이 시기에 저는 소위 '사기'라는 것을 당했었습니다. 당시 제 마음은 소중한 돈은 물론이고 사람에 대한 배신감으로 이루 말할 수 없을 지경에 이르렀고, 스스로 어떻게 해야 할지 도무지 알 수 없었던 그때 호오포노포노는 그렇게 저에게로 왔습니다. 누구에게 나쁜 짓 한번 하지 않고 살아왔는데… '사기'라는 사건은 제 인생 자체를 아주 거세게 흔들어 버렸고 당시 겉으로는 밝은 척했지만 속으로는 이미 마음이 많이 망가진 상태였습니다. 그리고 내게 왜 이러한 일들이 일어났는지 도무지 이해할 수도 없었습니다.

이런 상태에서 ≪호오포노포노의 비밀≫이라는 책을 읽고 또 읽었습니다. 그 당시에는 머리로 이해가 가지 않아서 10번은 더 읽었던 듯합니다. 그러다 어느 순간에 "아!~"하는 탄식이 나오고 호오포노포노가 말하는 것이 가슴으로 와 닿기 시작하는 것입니다.

그때부터 호오포노포노를 정말 매일 열심히 했습니다.

그리고 어느 순간부터, 나의 배신감이나 이러한 것들이 조금씩 정화가 되었는지 '사기'라는 사건을 떠올렸을 때 더 이상 감정이 올라오지 않았고, 그저 덤덤하게 바라볼 수 있을 정도가 되었습니다. 그것은 그 사건이 더 이상 내게 부정적인 영향을 끼치지 않는다는 표시였습니다.

한편으론, 상대방이 기대하지도 않는 부분까지 지나치게 퍼주다가 상대방으로부터 실망하게 될 때 스스로 '피해자'가 된 것처럼 원망을 해왔던 나의 성향들이 결국엔 '사기'라는 사건으로 나에게 드러난 건 아닐까 하는 생각도 들었습니다.

어쨌든 결과적으로 그 사건은 저를 더 크게 확장시켜 주었고 호오포노포노를 통해서 저를 변화시켜주는 계기가 되었습니다. 마음이 그렇게 절실하게 아프지 않았더라면 저는 정화라는 귀한 선물을 제대로 활용하지도 않았을 뿐만 아니라 어쩌면 마음의 한구석에 치워버렸을지도 모를 일입니다.

이렇게 저의 첫 1년여 동안 부모님이나 기타 주위 사람들을 위한 기도를 하고 정화를 시작하였습니다.

제 안에 정화로의 삶은 이렇게 시작되었습니다.

■ 외부를 대상으로 하는 정화

교사로서, 학교에서 아이들을 대하면서도 정화를 하였고 교실이나 내가 만지는 모든 물건들을 정화하였습니다. 그렇게 정화를 하고 나니 조금씩 정화의 효과도 보이는 듯하였습니다. 잠깐씩 지나가는 몸의 통증이나 심리적인 문제들, 가까운 지인의 빙의 문제까지 그 외에도 이루 헤

아릴 수 없이 정화를 해나가기 시작하였습니다.

　또한, 이때에는 주로 저의 외부대상들을 향해 아침, 저녁 10분씩 정화를 했었습니다.

　마치 기도를 하는 것처럼 말입니다.

　5년여를 외부대상을 향해 정화를 해오다 보니 정화에 대해 어느 정도 자신감은 붙었지만, 여전히 한편으로는 배울 것도 많고 부족한 부분도 많다는 것이 느껴졌습니다.

　그 허전함은 아직 채워지지 않은 내부와의 소통문제였던 것 같습니다. 내 안에 뭔가가 더 있을 것 같은 느낌이 나를 계속 붙잡았고 그렇게 저는 내면의 메시지를 받고 싶었던 것입니다.

　이 시기에도 나름대로의 방식으로 나와의 소통은 조금씩 해오고 있었지만, 여전히 저의 정화대상은 늘 외부에 있었고 상상 속에서 의식적으로 만들어내는 내부와의 소통은 허전하게만 느껴졌습니다.

■ 현재의 나는 '그냥 나'

　올해 7월, 핑크돌고래님의 정화와 소통 워크샵을 다녀온 뒤, 그동안 내가 정화와 소통을 분리해서 하고 있었음을 알게 되었고 이제는 두 가지를 한꺼번에 한다는 게 어떤 것인지 좀 더 명확하게 개념을 잡을 수 있게 되었습니다.

　그동안 정화를 해오면서도, 모든 건 100% 나의 책임이라는 것을 그저 말로만 해왔을 뿐 정작 실감하지는 못했었습니다. 내 안에서 자연스럽게 일어나는 정화와 소통이 아니라 내가 만들어가려는 의도가 더 컸었죠. 하지만 그 와중에도 정화와 소통은 조금씩 되어가고 있었으리라 믿습니다.

2016년 현재의 저는 더 이상 외부나 상상의 어떤 매체를 만들어서 소통하지 않습니다. 그저, 제 안의 잠재의식인 '뮤탄트'와 계속 대화를 이어나가고, 조언이 필요할 때면 '뮤탄트'에게 부탁합니다.

또한, 지금의 저는 이 세상의 창조자이며 내 안에 들어온 것들은 모두 내 안의 자원들이 표면화되어 나타난 것임을 늘 염두에 두고 세상을 보려 합니다. 그리고 내 안에, 앞에 나타난 문제들이 있으면 곧바로 정화합니다. 이제는 정말 모든 것이 100% 나의 책임임을 이해합니다.

그리고 나는 내 인생의 창조자이기에 나에게 나타나는 모든 일은 나에게 가장 유리하게 흘러간다는 것도 압니다. 이러한 모든 것을 저는 비로소 **가슴으로 이해하게 되었습니다.**

제가 정화와 소통 워크샵에 참석하기 3주 전에 '뮤탄트'와의 메시지를 노트에 적어본 것이 있는데 이번에 핑크돌고래님에게 받은 메시지를 열자마자 바로 연결이 되었습니다. 그러니 저는 정화와 저의 잠재의식을 확신하지 않을 수 없습니다.

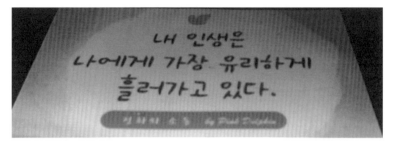

핑크돌고래님께 받은 메시지

유탄트: ① 정리
② 새로운 가장 유리하게 작용하고 흘러간다.
③ 나 이외의 다른 자아는 존재하지 않는다.
④ 나의 35계를 뒤이룬다.
⑤ 이 세상은 나가 계획했던 세상 (행하나 나았어)

세미나 3주 전 작성한 뮤탄트 메시지

제2장

인생을 넘어서

❖ '생각'을 '생각해보기'

우리는 늘 생각합니다. 그리고 그 생각은 곧 감정으로 이어집니다.
이 수많은 생각들은 어디서 올라오는 것들일까요?
그리고 이 수많은 생각들이 가지는 의미는 무엇일까요?

몇 시간만 시간을 내어서 자신의 생각을 관찰해보시기 바랍니다.
아마 내가 생각하는 것보다 훨씬 더 많은 생각들을 하고 있었다는 것을 알게 될 것입니다.
이렇게 우리는 하루 중 대부분의 시간을 무의식적으로 올라오는 생각으로 보내고 있다는 사실을 아십니까?
그리고 우리가 잡념으로 치부해 버리는 이 생각들이 결국은 인생을 창조해내고 있었다는 사실을 아십니까?

우리는 수십 년, 어쩌면 수백 년의 삶을 거쳐 오며 수많은 경험들과 사연들, 감정들을 심층의식이라는 장소에 쌓아왔습니다.

그리고 그러한 방대한 정보들과 기억들은 프로그램화되어 지금의 현실을 만들어내고 있습니다.

비슷한 패턴의 생각, 비슷한 패턴의 감정, 그리고 비슷한 인생의 패턴 속에서 우리는 그것이 반복되고 있다는 사실을 보지 못한 채, 그렇게 늘 같은 자리에서 빙빙 돌고 있었던 것입니다.

불행한 인생 속에서, 힘겨운 인생 속에서, 좌절과 실패라는 인생 속에서 말입니다.

우리 내부의 자원이 인생을 만들어내고 있다는 사실에 대해 반박할 독자는 많지 않을 것 같습니다.

'우리가 우리 인생을 만들어내고 있다는 것'에 대한 개념은 이미 많은 분야의 전문가들이 공통적으로 주장하고 있는 것이기도 하니 말입니다.

그리고 나의 '생각'은 나의 내부자원의 직접적인 표현입니다.

끊임없이 올라오는 내 생각들의 패턴을 관찰해보면 그것에 연결되어 있는 자원의 성질을 알 수 있게 됩니다.

내 생각을 알게 되면 나의 내부자원도 알게 되고 또한 내 인생도 알게 되는 것입니다.

알고 보면 생각 속에 내 인생에 관련된 대부분의 내·외부적인 키가 들어있다고 볼 수 있습니다.

내부자원과 생각 그리고 물질세상은 하나로 연결되어있습니다.

내부자원은 생각이라는 통로를 통해 외부로 흘러나오게 되고, 그 생각은 곧 감정과 판단, 선택과 행동을 일으키게 되며 더 나아가 현실을 창조해내는 에너지를 형성시키게 됩니다.

다시 말해 반복적인 생각과 감정은 에너지의 밀도가 높아져서 물질화될 수 있다는 것입니다.

이 부분을 조금 더 물리적으로 표현해본다면, 반복적인 생각이나 감정은 어느 순간 그것에 관련된 뇌의 신경망을 형성하게 되고 이렇게 형성된 신경망은 '이것이 곧 나의 정체성이며 이것이 곧 나의 인생이야.'라고 우리의 의식을 향해 단정 지어 버립니다.

그리고 우리는 우리 뇌에 입력된 신경망의 신호에 상응하는 반응을 하며 인생을 만들어나가게 됩니다.

불가능하다고 입력되어있거나 존재조차 하지 않는 그 무엇은 인생에서 결코 만들어내지 않고, 이미 형성된 신념 속에 존재하는 것, 익숙하다고 판단되는 것들만 반복적으로 만들어내는 것입니다.

결국은 나의 내부자원만큼이 인생이 되는 것이며 다시 말해 나의 생각만큼이 인생이 되는 것입니다.

여기서 중요한 사실이 있습니다.

생각이 인생을 창조해 내고 있다면 내 생각인데, 왜 우리 인생은 내 뜻대로 흘러가지 않는 것일까요?

그 이유는 내 생각임에도 불구하고 내가 조절하지 못하고 있기 때문입니다.

다시 한 번 내 생각을 생각해보십시오.

내가 하고 싶은 것만 생각하고 내가 하기 싫은 생각은 없애고, 긍정적인 생각은 몇 시간하고 부정적인 생각은 10분 내로 끝내고…. 이렇게 조절하며 생각이란 것을 하고 있는 사람은 거의 없습니다.

우리는 그냥 생각합니다. '왜?'라는 것은 없었습니다. 올라오니까 그냥 생각 속에 들어갑니다. 그리고 함께 따라오는 감정 속에 들어갑니다. 그것은 곧 말이나 행동으로 이어지며 인생이라는 물질을 창조해내는 에너지를 형성시킵니다.

내 생각과 감정을 향해 '왜?'라는 질문을 던져보시기 바랍니다.

'왜 올라오는 거지? 왜 쉽게 조절되지 않는 거지? 어디서 올라오는 거지? 이게 정말 내가 원하는 생각인가? 이게 정말 내가 원해서 만든 감정인가?'

그 순간 우리는 생각과 감정에서 한발 물러서게 됩니다.

그리고 그 순간, 무작위로 물질세상을 형성시키고 있던 창조의 에너지도 멈추게 됩니다.

그리고 나의 인생은 숨죽여 그다음의 창조를 기다립니다.

다시 내부자원의 프로그램에게 창조의 에너지라는 도구를 쥐여줄 것인지, 아니면 우리의 의식이 정신 차리고 이 도구를 쥐고 새로운 그 무언가를 창조해낼 것인지를 숨죽여 지켜봅니다.

어느 누군가는 익숙한 패턴대로 생각 속에 빠져들어 가서 그 생각에 연결되어 있는 프로그램에게 이 창조의 도구를 다시 넘겨줄 것이고, 또 다른 누군가는 창조의 자리를 지키기 위해 칼날같이 정신을 집중하게 될 것입니다.

지금 우리가 살고 있는 모든 세상은, 나의 내부자원을 바탕으로 일어난 나의 통제되지 못했던 생각들이 만들어낸 작품들입니다.

그 속에서 우리는 창조의 주체가 아닌 수동적인 자리에서 그것을 경험하고 있었을 뿐입니다.

늘 인생 앞에서 우리는 작고 초라한 피해자였습니다.

언제 어떤 사건이 일어나 나를 궁지로 내몰지 모르는 현실 앞에서 늘 불안해하며, 이 불안을 해소하기 위해 더욱 외부의 그 어떤 존재에 의지하기를 반복하며 살아왔습니다.

이렇게 우리는 이 모든 것이 '신'이라는 거대한 존재가 만들어낸 것이라는 착각 속에서 수동적인 모습의 자신을 스스로 정당화시키며 살아온 건지도 모릅니다.

내 인생을 만든 신은 없습니다.

'신'이라는 존재 자체를 부정하는 것이 아닙니다.

적어도 지금까지 내 인생을 만든 신은 진짜 신이 아니라 내 기억의 프로그램이었다는 것입니다.

그리고 우리의 의식은 아주 친절하게 '생각'이라는 통로를 내어주며 그것에 협조를 하고 있었던 것입니다.

정말 놀랍지 않습니까? 놀라워야 합니다.

내 생각인데 내가 몰랐다는 사실에 우리는 놀라워해야 합니다.

왜냐하면, 이 통찰이 곧 이어질 인생의 거대한 변화에 있어 신호탄이기 때문입니다.

❖ 케오라가 들려주는 마인드 모델

케오라는 우리의 내면이 세 가지 부분으로 이루어져 있다고 설명해주었습니다.

가장 표면적인 의식인 현재의식, 그리고 가장 순수하고 본질적인 의식인 잠재의식, 그리고 현재의식과 잠재의식 사이에 존재하면서 수많은 기억과 정보 그리고 감정들이 모여 있는 심층의식, 이렇게 말입니다.

물론 케오라가 말해주는 마인드 모델은 극히 저의 주관적인 표현입니다. 또한, 이것은 필자의 순수한 의식인 케오라가 저라는 표면의식을 향해 알려준 메시지일 뿐입니다. 사실 필자를 위한 맞춤식의 표현이라는 것입니다.

수많은 사람들이 말하는 내면의 구조가 모두 그들의 주관적인 표현인 것처럼 케오라의 마인드 모델 또한 절대적이지는 못합니다.

여러분들이 기존에 알고 있는 마인드 모델이 있다면 이 장에서 말하는 표현들이 거슬릴지도 모릅니다. 여러분들의 것과 다를 수도 있으니까 말입니다.

필자가 부탁하고 싶은 것은 단어 자체의 정의가 아닌, 내부에서 돌아가는 각각의 역할들을 선입견 없이 들어보시라는 것입니다.

그리고 이 개념과 기능들 속에서 여러분들에게 유리한 것이 있다면 그것을 현명하게 자신의 것으로 가져가시기 바랍니다.

우리 안의 세 부분 잠재의식, 현재의식, 심층의식 중 케오라가 말하는 인격체는 잠재의식과 현재의식 두 부분이라고 합니다.

여기서 케오라가 말하는 인격체라는 것은 성장과 진화, 확장을 의미한다고 했습니다.

잠재의식과 현재의식은 진화하고 성장해 나가는 존재이기 때문에 인격체이고 심층의식은 진화함에 있어 소멸되어져야 하는 존재이기 때문에 인격체라고 하지 않는다는 것입니다.

심층의식은 무의식이라고도 표현할 수 있지만 케오라는 유독 심층의식이라는 표현을 자주 씁니다. 그 이유에 대해… 심층의식이 자원, 프로그램 형태임에도 불구하고 너무나 섬세하고 절대적으로 현재의식에 영향을 주고 있어서 마치 심층에 또 다른 현재의식이 존재하는 듯한 착각을 주기 때문이라고 합니다.

심층의식은 과거 우리가 입력하고 쌓아왔던 수많은 정보들, 경험들, 사연들 그리고 그것으로부터 만들어진 감정들이 응축되어 있는 곳입니다.

이러한 심층의식을 다시 상세히 들여다보면 객관적인 자원들이 있는 부분과 감정들이 응축되어 있는 감정체로 나눌 수 있습니다.

객관적인 자원 자체만으로는 우리 인생 안에서 실질적인 힘을 발휘하지 못합니다.

이 객관적인 자원에 감정이 묻게 되면 비로소 나의 것으로써의 힘을 가지게 됩니다.

실제로 우리가 똑같은 정보를 받아들이더라도 아무런 감정 없이 받아들이는 정보와 감정이 실린 정보는 다를 수밖에 없습니다.

'테러가 났다.'라는 객관적인 기사 자체는 우리 내부에 입력이 되더라도 큰 영향력을 발휘하지 않습니다. 하지만 만약 내 가족이 살고 있는 곳에 테러가 났다는 기사를 봤다면, 그래서 그 기사에 놀람과 충격, 불안, 걱정이라는 감정이 실리게 되어 내부에 입력이 되었다면 그것은 하나의 자원으로써 어느 순간 힘을 발휘하게 될 수도 있다는 것입니다.

감정체가 하는 역할은 현재의식으로 하여금 '내 것이야.'라는 착각을 일으키게 만들어 객관적이던 자원에 에너지를 실어줍니다.

다시 말해 현재의식과 심층자원을 하나로 일치시키는 끈적끈적한 접착제 역할을 하고 있다는 것입니다.

특히, 그중에서도 '집착'이라는 감정은 최고의 접착제 역할을 합니다. 이렇게 감정체가 현재의식과 심층자원을 통합시키는 이유는 심층자원이 외부세상으로 나가는 데 있어 현재의식이 그 통로 역할을 하고 있기 때문입니다.

현재의식은 외부세상, 물질세상의 통로에 위치하고 있습니다. 그리고 동시에 물질세상의 실질적인 활동가, 담당자이기도 합니다.

심층의식 속에 무엇이 있든 현재의식을 통해야지만 외부세상으로 나올 수 있습니다.

또한, 잠재의식의 지혜로운 영감도 결국은 현재의식을 통해야지만 인생에 나올 수 있습니다.

심층의식 속에 존재하고 있던 불행한 사건이 현실로 나오게 되더라도 현재의식이 그것을 불행하게 인식하지 않게 된다면 그것은 불행한 사건으로써의 의미를 잃게 됩니다.

현재의식의 통찰력이 그것을 소중한 성장의 기회라고 선언하게 되면 그 자원은 힘없이 모습을 바꾸게 됩니다.

심층의식의 목적은 한가지입니다. 바로 외부로 풀려나가는 것입니다. 그렇게 수많은 기억과 정보들은 신념의 형태로 우리의 생각을 자극하게 되고 그에 맞는 감정들은 그 생각을 '나의 것'으로 만들어 나의 인생에 드러나도록 합니다.

우리의 현재의식이 정화와 통찰로써 기억들을 풀어내든, 아니면 무작위로 기억들이 저절로 풀어져 나가든 심층의식은 신경 쓰지 않습니다. 우리의 잠재의식이 기억들을 관리하든 하지 않든 그것 또한, 심층의식에게는 중요하지 않습니다.

어찌 되었든 외부로 풀려나가 해소되는 것에만 집중합니다.

하지만 우리 현재의식의 입장에서는 어떤 방식으로 기억들과 감정들이 인생에 풀려나가는지가 아주 중요합니다.

잠재의식의 관리 속에서 풀어져 나오는 기억은 우리 인생에 유리하게 사용되면서 풀어져 나가게 됩니다.

마치 방치되어 있는 쓰레기는 말 그대로 그냥 쓰레기일 뿐이지만, 그것을 제대로 관리하고 재활용하게 되면 오히려 유용하게 쓰일 수 있는 것처럼 내면의 자원들 또한 그렇습니다.

내면에 '질병'이라는 형태로 존재하고 있던 어떤 자원이 현실로 나온 다는 것을 가정해보겠습니다.

심층의식은 우리 현재의식의 고통이나 행복 따위에는 신경을 쓰지 않습니다. 그냥 빽빽하게 저장되어 있던 방대한 자원의 일부가 현실로 나가게 된다는 것만 중요해 합니다.

그렇게 되었을 때 그 '질병'이라는 자원은 말 그대로 병이 되어 우리에게 나타납니다. 오랫동안 내면에 존재하며 은행에서 이자가 붙듯 덩치만 커져서 우리를 힘들게 만들지도 모릅니다.

하지만 정화와 소통을 하면서 활성화된 나의 잠재의식이 그 자원을 정화하는 과정으로써 현실에 내보내게 된다면 '질병'이라는 현실적인 현상이 훨씬 더 수월해질 수 있습니다.

이미 그것을 내부에서 잠재의식이 정화하고, 관리하고 우리에게 유리한 형태로 다듬어 놓았기 때문에 치명적인 병이 아니라 독감과 같이 잠시 고생하고 지나가는 형태가 될 수도 있고, 같은 병이라 하더라도 훨씬 빠르게 치료가 이루어질 수도 있습니다.

또한, 지금의 그 질병을 치료하는 과정에서 어쩌면 그동안 우리를 만성적으로 괴롭히던 신체적 증상이 함께 호전된다거나 미래에 일어날지 모르는 다음 질병까지 예방할 수 있게 되는 계기가 될 수도 있습니다.

하지만 반대로 심층의식에서 일방적으로 내보내지는 '질병'은 우리 현재의식으로 하여금 걱정과 불안함과 두려움을 부추겨서 극심한 후유증을 남기는 등의 또 다른 심층자원을 줄줄이 연결시켜 드러나게 할지도 모릅니다.

심층의식과 달리 우리의 잠재의식은 '나'이기 때문에 늘 우리 현재의식이 편안하고 행복하기를 바라면서 인생을 창조하고 기억들을 관리합니다.

우리가 인생을 위해 해야 할 일이란 것도 결국은 우리의 의지와는 상관없이 무분별하게 돌려지고 있던 수많은 프로그램들을 '의식의 혼'으로써 스톱시키고, 잠재의식의 관리하에 두게 하는 것입니다.

그럴 때 더 이상 우리 인생에 최악의 일이라는 것은 없어지게 됩니다. 모든 것이 기회가 되고 모든 것이 소중한 일이 되는 것입니다.

현재의식은 두 가지 상태로 나누어집니다.

하나는 심층의식과 통합되어 있는 상태이고 또 다른 하나는 심층의식으로부터 분리되어져서 고요하게 존재하는 상태입니다.

그리고 심층의식으로부터 분리되어진 현재의식의 상태를 케오라는 **'의식의 혼'**이라고 부릅니다.

심층의식의 영향을 받지 않는 가장 고요한 상태를 케오라는 **'의식의 혼'**이라고 합니다.

현재의식이 심층의식과 함께할 때는 말 그대로 생각, 감정들이 그대로 나 자신이 됩니다.

그것이 고스란히 내 인생 전체가 됩니다. 나는 곧 내 생각이고 내 감정인 것입니다.

슬프면 '슬픈 나'가 되는 것이고, 기쁘면 '기쁜 나'가 되는 것이고, 화가 나면 '화가 나는 인생'이 되는 것이고, 즐거우면 '즐거운 인생'이 되는 것입니다.

다시 말해 생각과 감정 속에 온전히 들어가 있는 상태입니다.

이 상태에서는 누군가 나의 지식을 건드리면 엄청난 타격을 받게 됩니다. 왜냐하면 그 지식 자체가 나이고 나의 인생인데, 그 사람이 나의 인생, 나의 전체를 건드린 것으로 인식하기 때문입니다.

그리고 또한 누군가 나의 감정을 거슬리게 한다면 그것 또한 엄청난 상처가 됩니다.

그 사람이 건드린 것은 하나의 감정이 아니라 나의 전체이기 때문입니다. 그러니 인생이 하루하루 변덕 속에 존재할 수밖에 없습니다.

누군가의 말에, 누군가의 반응에 천국과 지옥을 왔다 갔다 하며 인생의 색이 변화무쌍하게 바뀌게 되는 것입니다.

분노조절 장애나 충동적인 범죄, 묻지 마 폭행 같은 경우들도 이렇게 자신의 특정 심층 속에 깊숙이 빠져 있기 때문에 일어나는 것입니다. 누군가 자신의 심기를 살짝 건드리기만 해도 자신의 전체가 타격을 받고 무너지는 것 같은 착각 속에 빠지게 되고 이렇게 과장되어진 감정은 충동적인 범죄나 과격한 행동으로 이어지게 되는 것입니다.

'의식의 혼'은 흔들리지 않는 고요함 속에 있는 상태입니다.

생각과 감정 속에 존재하는 것이 아니라 그것에서 한걸음 물러서서 바라보고 있는 상태입니다.

나를 바라보고, 나를 알아가기 시작하는 존재가 바로 의식의 혼입니다.

'내 생각이 이렇게 생겼구나. 내 감정이 이런 모습이었구나. 내 인생이 이렇게 흘러가고 있었구나. 이렇게 똑같은 패턴 속에 존재하고 있었구나.'

더 나아가 내 인생의 전체적인 모습까지 보기 시작하는 존재가 바로 의식의 혼입니다.

숲 속에서는 숲의 모습을 볼 수 없다고들 하죠. 숲에서 벗어나야 전체 모습이 보이는 것처럼 내 인생을 객관적인 시점에서 전체적으로 바라볼 수 있는 상태가 의식의 혼입니다.

현재의식이 심층의식과 손잡고 있을 때는 결코 느낄 수 없었던 잠재의식의 영감도, 심층의식으로부터 분리되어 고요해진 의식의 혼의 상태에서는 온전히 느끼고 받아들일 수 있게 됩니다.

이 상태에서는 자연스럽게 나의 잠재의식과 함께 움직이게 됩니다. 다시 말해 이 상태에서는 잠재의식과 현재의식이 하나의 존재로서 움직이게 된다는 것입니다.

의식의 혼의 상태에서는 지혜로운 통찰이 일어나며 내 인생에 유리한 아이디어가 올라오기도 합니다. 머리를 쓰며 애를 쓰지 않아도 가장 완벽한 타이밍에 가장 알맞은 말과 행동과 선택을 하게 됩니다. 그리고 모든 것이 저절로 이루어지고 있는 것 같은 느낌을 받게 됩니다. 마치 인생이 나의 모든 것을 알겠다는 듯 알아서 협조해주는 느낌말입니다.

의식의 혼의 상태에서 바라보는 세상은 완전히 다른 세상입니다.

감정과 생각으로 덧칠되어진 세상이 아닌 정말 그것의 본모습이 보이기 시작합니다.

모든 것이 살아 있는 듯 소중하고 무엇 하나 예쁘지 않은 것이 없어 보입니다.

작아서 아름답고, 모가 나서 아름답고, 커서 아름답고, 제멋대로 생겨서 아름다워 보입니다.

어느 누군가는 이것 또한 아름답다는 심층의 착각 속에서 보는 것일 수도 있다고 할 것입니다.

그러나 그것이 심층에서 만들어낸 것인지 정말 고요한 의식의 혼의 상태에서 나의 잠재의식과 함께한 것인지는 쉽게 알 수 있습니다.

내 마음을 보면 알게 되고 현실을 보면 알게 됩니다.

내 마음이 한결같이 고요하고 평화롭다면 누가 뭐라고 해도 나는 잘 가고 있는 것입니다.

그리고 보여지는 현실이 나를 위해 돌아가고 있다면 또는 내 현실이 만족스럽게 보인다면 누가 뭐라 해도 잘 가고 있는 것입니다.

언젠가 케오라가 이런 말을 한 적이 있었습니다.

"잠재의식의 메시지인지, 심층의식의 메시지인지 구분이 가지 않을 때에는 현실을 봐. 현실이 말해줄 거야. 반복되는 현실은 반드시 너에게 무언가를 말하고 있어."

의식의 혼의 상태에서 인생을 보면 현실 곳곳에 나를 위한 메시지와 신호가 숨겨져 있음을 발견하게 될 것입니다.

의식의 혼의 상태에서 인생을 보면 내 주변에 온통 감사할 일들로 가득 차 있다는 것을 알게 되며, 나를 향해 비난하고 손가락질하는 누군가의 말과 반응조차도 성장의 기회로 보여서 감사함을 느끼게 될 것입니다. 이렇듯 내 마음과 내 현실을 보면 내가 의식의 혼의 상태에 있는 것인지, 아니면 평화와 아름다움을 가장한 심층의식 속에 존재하는 것인지 쉽게 알 수 있게 됩니다.

누군가 저에게 이런 질문을 한 적이 있었습니다.

"선생님은 잠재의식을 거의 우리 안의 신성처럼 이야기하시는데 그럼 선생님은 신이라는 존재를 부정하시는 건가요?"

"아닙니다. 절대적인 창조주가 있다고 저도 믿습니다. 그리고 우리는 그 신성한 신의 일부 안에 있다는 것도요. 다만 우리 안에서 신의 에너지와 가장 닮아 있는 곳이 잠재의식입니다. 신으로 향하는 길목에 있는 존재가 바로 우리의 잠재의식입니다. 정말 신이 있다면 외부에서 오지는 않을 것 같습니다. 눈에 보이는 외부세상은 너무나 제한되어있거든요. 아마 신의 메시지나 영감이 우리에게 전달되어진다면 그것은 우리 안의 가장 순수한 부분인 잠재의식을 통해서일 겁니다."

이처럼 잠재의식은 우리 안의 가장 깊은 곳에 존재함과 동시에 무한한 영역, 초의식이라고도 불리는 미지의 영역으로 향하는 길목에 있는 존재입니다.

우리의 현재의식이 잠재의식과 함께한다는 것은 이렇게 무한한 창조의 영역, 신의 영역 속에 존재한다는 뜻과 같을 수도 있습니다.

우리의 잠재의식은 늘 현재의식이 손을 내밀어주기를 바라고 있습니다. 잠재의식이 아무리 인생에 도움을 주려고 하더라도 현재의식이 심층의식 속에 빠져 있을 때는 도울 수가 없습니다.

왜냐하면 잠재의식 또한 외부세상의 실질적인 담당자인 현재의식의 초점 없이는 외부에 나올 수가 없기 때문입니다.

　이런 이유로 우리의 현재의식이 어떤 상태로 존재하는지가 정말 중요한 것입니다.

　지금 여러분은 누구와 함께하고 있나요?

　심층의식 속의 기억과 함께하고 있나요? 잠재의식의 영감과 함께하고 있나요?

❖ 양자물리학과 관찰자

　필자는 과학에 전혀 관심이 없는 사람입니다.

　양자물리학이라는 말을 지나치며 들어보기는 했지만 알고 싶은 의욕
도 없었고 알아야 할 이유도 없었습니다.

　그것은 일상생활에 당장 필요한 것 아니면 다 외면하고 살아왔던 저
의 오랜 성향 때문이기도 했습니다.

　정화와 소통이라는 것을 하게 된 후로도 오랜 시간 양자물리학이라는
부분에는 여전히 관심이 없었습니다.

　≪내 인생의 호오포노포노 : 천사들이 들려주는 이야기≫를 집필하고
출판을 기다리고 있던 어느 날 강의에 쓸 만한 동영상을 알아보던 중 우
연히 양자물리학에 관련된 영상(What The Bleep Do We Know!?) 하
나를 보게 되었습니다.

　그런데 그 영상을 보면서 아주 놀랐습니다. 왜냐하면 그동안 케오라
가 저에게 전해주었던 막연하고 난해하기만 했던 개념들이, 그래서 의
식적으로 늘 비판하게 만들었던 많은 이야기들이 양자물리학이라는 분
야에서 말하는 개념들과 상당 부분 일치한다는 것을 알게 되었기 때문
입니다. 그래서 케오라에게 혹시 양자물리학을 공부해서 나에게 알려준
것이 아니냐고 우스갯소리를 했을 정도였습니다.

　그중에서도 케오라가 이야기했던 '시간'에 대한 개념이 양자물리학

에서는 가능할지 모른다는 사실이 참 흥미로웠습니다.

사실 저에게는 너무나 황당한 부분이어서 '천사들이 들려주는 이야기'에는 물론이고 다른 사람들에게 전혀 언급하지 않았던 부분이었습니다. 잘못 이야기했다가는 정말 사이비 망상가로 취급당하기 딱 좋을 소재였기 때문입니다.

케오라는 '시간'이라는 것에 대해 이렇게 표현했습니다.

"시간은 흐르지 않아. 의식의 초점이 흐를 뿐이지. 그리고 과거와 현재와 미래는 함께 존재해. 흐른다고 사라지는 것이 아니야. 현재가 바뀌게 되면 미래뿐만이 아니라 연결되어 있는 과거도 바뀌게 돼. 모든 것이 동시에 존재하거든. 그리고 지금 일어날 수 있는 모든 경우의 상황이 다 존재하고 있어. 그중에서 우리의 의식의 초점이 이것을 선택했을 뿐이야. 마치 이것은, 의식의 초점이 있는 곳에 불이 켜지고 나머지 모든 상황들에는 그저 불이 꺼져 있는 것과 같아. 의식이 초점을 어디를 맞추느냐에 따라서 우리는 과거를 체험할 수도 있고 미래를 체험할 수도 있어. 하지만 의식은 그 과거와 미래체험 또한 현재라고 인식하게 될 거야."

양자물리학이라는 것에 힘입어 이렇게 용기 있게 적어보기는 했지만, 여전히 필자에게 '시간'이라는 개념은 어렵고 황당한 부분이 아닐 수가 없네요.

원래 필자가 가지고 있던 의식적인 성향대로 일상생활 속에 반드시 필요한 것은 아니므로 그냥 이렇게 용기 내어 한 번쯤은 외부에 드러냈다는 것에 스스로 의미를 두고 넘어가도록 하겠습니다.

그리고 양자물리학에서의 관찰자라는 개념이 참 인상적이었습니다.

'관찰자가 바라보기만 해도 입자의 움직임이 바뀌게 된다.'

다시 말해 관찰자의 의도가 입자의 파동에 고스란히 반영이 된다는 말입니다.

이 말은 곧 우리의 의도가 인생의 입자를 변화시키고 있다는 말이기도 합니다.

우리는 인식을 하든 하지 않든 늘 관찰자 입장에 서 있습니다.

우리의 인생을 관찰하고 있고 우리의 주변을 관찰하고 있습니다. 이 것이 관찰인지 모르면서 관찰하고 있는 것입니다.

내가 무슨 의도를 보내고 있는지 알지도 못하면서 의도를 보내고 있고, 내가 인생의 입자를 창조해내고 있다는 것을 알지 못하면서 창조하고 있는 것입니다.

그리고 이미 눈치를 챈 독자들이 있을 것 같습니다만 바로 그 의도치 않은 관찰의 배후는 우리의 심층의식이라는 것입니다.

심층의식 속에 있는 자원(기억, 감정, 카르마, 정보)들이 나의 생각과 감정이라는 통로를 통해 현실을 관찰하고 있으며 그 의도로써 인생을 만들어내고 있는 것입니다.

관찰자의 의도가 긍정적이면 인생의 입자들도 긍정적인 파동을 일으킬 것입니다.

그리고 관찰자의 의도가 부정적이면 인생의 입자들도 부정적인 파동을 일으키게 될 것입니다.

입자들의 반응은 순수하고도 솔직합니다.

이것은 콩 심은 데 콩 나고, 팥 심은 데 팥이 나는 자연의 진리와도 닮았습니다.

그리고 내 자원만큼 인생에 드러나는 인과법과도 같은 맥락입니다. 관찰자의 의도만큼 한 치의 오차도 없이 입자들이 반응하니 말입니다.

양자물리학에서 말하는 관찰자의 개념을 막연하고 추상적이었던 여러 테크닉에 대입해보면, 그 테크닉의 원리가 훨씬 논리적으로 이해하기 쉬워진다는 것을 알게 될 것입니다.

시크릿이나 시각화에서 말하는 소원이 이루어지는 원리 또한 관찰자라는 개념에서 바라보면 더욱 이해가 쉽습니다.

'이미 그 일은 일어났어. 그것은 명백한 사실이야!'라는 확실한 의도를 가진 관찰자의 입장에 서게 되면 당연히 입자들도 그것에 상응하는 변화를 일으키게 될 것입니다.

그리고 마침내 그 입자들의 변화가 현실에 떡하니 나타나 내가 원하는 것을 끌어당기게 되는 결과를 보여주는 것입니다.

긍정적인 말을 들려주거나 긍정적인 단어를 붙여둔 물을 얼린 결정체가 아름답게 변하고, 부정적인 말을 들려주거나 부정적인 단어를 붙여둔 물의 얼음 결정체가 혼탁하게 일그러지는 것, 긍정적인 말을 해주었을 때 식물이 더욱 잘 자라는 것, 또한, 좋은 말을 해주었던 밥이 부정적인 말을 해주었던 밥보다 훨씬 부패속도가 느려졌다는 등의 기존에 알려진 언어의 영향에 대한 많은 실험들도 그것을 바라보는 관찰자의 의도가 그 입자를 변화시킨 것입니다.

또한, 내 주변의 인연들이나 사건들도 결국은 그것을 바라보는 나의 의도가 그렇게 만든 것입니다.

최면세션을 진행해보면 종종 이런 피드백을 확인하게 됩니다.

세션을 통해 특정 부분을 정화하게 되었을 때 본인의 심리적인 변화뿐만이 아니라 실제적인 현실이 바뀌게 되는 경우들 말입니다.

어떤 내담자는 가족에 대한 분노로 세션을 했었습니다.

그리고 세션이 끝난 후 놀라운 일이 벌어졌습니다.

단순히 자신의 마음이 홀가분해진 것뿐만이 아니라 7년이라는 시간 동안 각각 뿔뿔이 흩어져서 연락조차 하지 않고 살았던 가족들이 모두 모여 처음으로 함께 식사를 하게 되었다는 것입니다.

얼굴만 봐도 원수 보듯 으르렁거렸던 가족들이었는데 함께하게 된 식사자리에서는 모두들 밝은 얼굴로 서로에게 좋은 이야기를 해주며 화목한 시간을 보냈다는 것입니다.

내담자는 태어나서 처음으로 '가족이라는 것이 이렇게 따뜻하고 좋은 존재이구나.'라는 감정을 느꼈다고 했습니다.

이와 같은 경우 또한 내담자의 의도가 변화되었기 때문에 일어난 일들입니다.

부정적으로 가족을 바라보던 관찰자에서 순수하게 가족을 바라보는 관찰자가 됨으로써 가족들 또한 변화하게 되었던 것입니다.

또 어떤 내담자는 세션을 통해 '자신감'이라는 긍정적인 신념을 확립하게 되었는데 그 후 평소에는 꿈도 꿀 수 없었던 좋은 조건의 일자리에 취직할 수 있는 기회가 생겼다고 했습니다.

이 내담자의 경우 또한 '난 할 수 없어.'라는 관찰자에서 '난 뭐든지 할 수 있어'라는 관찰자로 변화함으로써 현실에서 또한 그것에 상응하는 변화를 일으켰던 것입니다.

또 다른 40대 후반의 내담자는 세션으로 여러 통찰을 얻은 그 다음 날, 2년여를 끌어왔던 일과 관련된 소송문제가 해결되었고, 며칠 뒤 좋은 조건으로 마음에 쏙 드는 집까지 사게 되었다는 연락을 주시기도 했습니다.

최면세션을 진행하는 실질적인 목적이 내담자 자신의 통찰에 있는 것에 반해, 때로는 현실적인 변화로까지 이어지는 경우를 이렇듯 종종 보아왔습니다.

물론 시간의 차이가 있지만, 필자가 여유 있게 피드백을 받을 수 있는 여건의 내담자의 경우에는 대부분 심리적인 통찰과 함께 크고 작은 현실적 변화가 있음을 확인할 수 있었습니다.

여기까지 알게 된 우리는 이제 누구나 긍정적인 관찰자가 되려고 할 것입니다.

인생에서 좋은 일만 일어나도록 입자를 바꾸고 싶어질 것입니다.

양자물리학 과학자들도 힘주어 강조합니다. 우리의 의도에 따라 얼마든지 인생이 바뀔 수 있음을 말입니다.

하지만 안타깝게도 우리의 현재의식은 완벽한 관찰자가 되기에는 불안정한 존재입니다.

입자를 변화시키고, 변화시킨 입자가 물질세상으로 온전히 모습을 드러내기 위해서는 에너지의 밀도가 높아져야 합니다.

아인슈타인의 공식을 두고 케오라는 이것이 바로 '창조의 공식'이라고 이야기했습니다.

$$E = M \times C^2$$

창조 에너지	고농축 반복, 몰입	의도, 초점

다시 말해 명확하게 맞추어진 초점과 의도가 반복과 집중, 몰입을 통해 고농축되면 창조의 에너지가 형성된다는 것입니다.

그리고 우리는 이 공식으로 모든 것을 창조해내고 있다고 합니다. 누군가는 원하는 것을 끌어오기 위해 의식적으로 이 공식을 사용하기도 하고 또 누군가는 습관적인 반복과 패턴 속에서 무의식적으로 이 공식을 사용하기도 합니다.

어찌 되었든 우리는 흔들림 없는 초점에 집중할 수만 있다면 모두 창조자가 될 수 있다는 말입니다.

하지만 우리의 현재의식은 심층의식 속에서 올라오는 습관적인 생각과 감정 속에 늘 허우적거리고 있습니다.

실제적으로 의도하는 초점을 굳건히 지키고 있는 것이 너무나 힘들뿐더러 그것을 반복하고 집중하는데도 여간 큰 노력이 필요한 것이 아닙니다.

일생 궁핍하게 살아온 사람이 부자라는 긍정적인 것에 초점을 맞추어 반복하고 몰입해보지만, 끊임없이 올라오는 심층의식의 속삭임에 흔들리기 일쑤입니다.

'난 부자가 아니야. 난 가난해.'라는 진실이 마음과 의식을 흔들어놓게 됩니다. 또한, 궁핍함을 증명해주는 현실적인 경험들이 끊임없이 창조를 위한 몰입을 방해할 것입니다.

나는 부자의 의도를 가진 관찰자로서 인생을 바라보고 싶지만 실제로는 껍데기만 부자의 관찰자일 뿐, 90%의 알맹이는 여전히 가난한 관찰자로 남아 있는 것입니다.

그리고 실제로 우리의 의식이 한 가지에 집중할 수 있는 시간은 고작 7초에서 9초라고 합니다. 그러니 긍정적이고 순수한 관찰자가 된다는 것이 결코 쉬운 일은 아닙니다.

케오라는 이렇게 말합니다. **'잠재의식은 모든 것을 정화한다.'**라고요.

잠재의식의 영역은 우리 안에서 가장 순수하고 본질적인 부분입니다. 그러니 당연히 가장 순수하고 완벽한 관찰자의 시선을 가지고 있을 것입니다.

우리의 현재의식이 심층의식으로부터 분리되어져서 잠재의식에게 초점을 맞추게 되면, 그 순수한 관찰자의 의도가 내 주변 내 모든 것을 순수하게 정화하게 되는 것입니다.

현재의식이 실질적으로 집중할 수 있는 시간은 극히 짧다고 이야기한 바 있습니다.

하지만 우리의 잠재의식은 결코 불안정한 존재가 아닙니다. 우리 안의 가장 깊은 부분에 존재하는 잠재의식은 우리 안에서 가장 강하고 순수하며 지혜로운 부분입니다.

양자물리학을 다룬 다큐멘터리에서 한 과학자가 이런 표현을 쓰더군요. **"우리의 의식은 현실을 쉽게 창조해내지 못하지만, 우리 의식 깊은 곳에서는 우주까지도 창조해낼 수 있다."**

현재의식이 잠재의식과 함께 초점을 맞추는 순간에는 더 이상 불안정한 존재가 아닙니다.

그 순간 현재의식은 잠재의식의 흔들이지 않는 초점과 몰입을 그대로 현실로 옮기게 됩니다. 그렇게 현재의식과 잠재의식이 함께할 때 우리는 완벽한 관찰자, 창조주가 되는 것입니다.

최면세션에서 진행했던 것도, 현재의식이 쥐고 있었던 심층의식의 특정 기억을 분리시켜주고 정화해줌으로써 현재의식이 깊은 내면의 순수한 힘을 온전히 받을 수 있는 환경을 만들어준 것입니다.

불안정한 관찰자가 아닌 깊은 집중과 순수한 의도를 가진 관찰자가 될 수 있도록 잠재의식의 길을 터준 것입니다.

여러분은 지금 어떤 관찰자이십니까?

주변을 둘러보시면 바로 아시게 될 것입니다.

보이는 모든 것들이 내가 관찰자로서 의도했던 것들이니 말입니다.

❖ 자유의지

시크릿으로 소원을 이루어주는 주체는 누구일까요?

명확한 의도로 인생을 변화시키는 주체는 누구일까요?

내 인생을 흔들림 없이 바라보고 있는 순수한 관찰자는 누구일까요?

우리의 현재의식일까요? 아니면 우리의 잠재의식일까요?

앞서 우리의 현재의식은 인생을 창조해내는 데에 있어 불안정한 존재일 수밖에 없다고 했습니다. 짧은 집중 시간과 심층의식 속에서 올라오는 생각과 감정에 늘 흔들릴 수밖에 없으니 말입니다.

우리는 자신이 늘 주체적으로 창조적인 판단과 선택을 하고 있다고 믿지만, 그것은 주관적인 느낌일 뿐, 여러 연구결과에서 그것이 뇌 또는 내면의 어떤 부분에서 올라온 정보에 의존한 선택과 판단이라는 것이 밝혀지고 있습니다.

우리가 절대적으로 의지하고 있는 감각이라는 것 또한 뇌에서 만들어낸 신호에 의지한 것이라는 것을 아십니까?

다시 말해 이 세상에 절대적이고 객관적인 물질세상은 없다는 것입니다.

우리가 뜨거운 물을 만지면서 '뜨겁다'라는 감각을 느끼고 뜨거운 물이라는 판단을 내리는 것은 뇌가 그렇게 신호를 보내주었기 때문입니다. 만일 뜨거운 물을 만지면서도 우리의 뇌가 이건 '차가워'라고 말한다면 우리는 차갑다고 느끼며 차가운 물이라는 판단을 내릴 것입니다.

실제로 최면에서는 간단하게 이러한 감각을 조절할 수가 있습니다. 마늘을 아몬드라고 뇌가 인식하도록 조금만 유도해주면 우리의 미각은 실제로 그렇게 반응을 해버립니다.

예전에 지인들과 과메기를 함께 먹을 일이 있었는데 평소 비위가 약했던 저는 비린내가 많이 나는 과메기를 도저히 먹을 수가 없었습니다. 그때 과메기를 전혀 먹지 못하고 있는 저에게 한 지인분이, 즉석에서 깊은 최면상태로 유도해 과메기를 버터 맛이 나는 오징어구이라고 암시를 해주었습니다.

그러자 바로 고소한 버터 향이 온 방에 진동하기 시작하는 것입니다. 그리고 더욱 놀라운 것은 간단한 최면 암시 후 먹은 과메기에서 시각적으로 뻔히 과메기라는 것을 알면서도 완벽하게 버터 오징어 맛이 났다는 것입니다. 그렇게 필자는 많은 양의 과메기를 정말 맛있게 먹을 수 있었습니다.

만약 어느 날 우리의 뇌가 오류를 일으켜 이 상황에 맞지 않는 정보를 가져다준다면 우리는 그 오류 속에서 완전히 엉뚱한 행동을 하게 될 수도 있습니다.

실제로 정신 질환을 가지고 있는 환자들의 경우, 뇌에서 보내주는 신호로 만들어진 자신만의 환상이나 망상이 그들에겐 완벽한 현실인 것입니다. 그리고 만약 어느 날 우리의 뇌가 매일같이 가져오던 똑같은 패턴의 정보가 아닌, 완전히 새로운 곳에서 정보를 가져온다면 우리는 그날 완전히 새로운 체험을 하게 될 수도 있습니다.

그렇다면 뇌에서 형성되는 신호의 근원은 어디에 있는 것일까요?

바로 내면에 존재하는 심층자원에서 올라오는 것입니다. 이 자원 속에 있는 그 무엇이 우리의 생각을 만들어내고 뇌 신경망을 자극해 신념을 형성시키는 것입니다.

결국은 우리의 현재의식이 불안정할 수밖에 없는 데는 심층의식의 영향이 절대적이기 때문입니다.

자신의 생각과 감정을 관찰하기 시작하면 곧 알게 되는 것이 있습니다. '아… 내 생각이고 내 감정인데 정말 마음대로 조절되지 않는구나. 정말 집중하기 싫은 생각과 감정인데 저절로 하루 종일 몰입이 되고, 내가 원하는 것은 마음대로 집중이 되지 않는구나.'

바로 이런 이유 때문에 내 인생도 내 뜻대로 가지 않는 것입니다.

내 생각과 감정이 완벽하게 조절된다면 그때 우리 인생도 조절될 것입니다.

우리의 현재의식에는 사실 자유의지가 없습니다.

자유의지가 있다면 생각도 감정도 자유롭게 조절이 되어야지요.

자유의지가 있다면 내 인생도 의지대로 자유롭게 조절할 수 있어야지요.

케오라에게 이 부분에 대해서 물어본 적이 있습니다.

"현재의식은 자유의지가 없어. 하지만 '우리'는 자유의지가 있어.

현재의식만으로는 불안정해. 잠재의식만으로도 불안정해.

잠재의식이 지혜롭고 순수한, 모든 것이 완벽한 부분이라고 하지만 결국 현실을 관찰하는 눈은 현재의식이야. 그러니 현재의식의 고요한 눈이 없다면 잠재의식 또한 아무 의미가 없어지지.

현재의식에겐 자유의지가 없어. 하지만 '우리'가 되면 자유의지가 생겨. 잠재의식과 현재의식이 함께하게 될 때 진정한 '우리'가 되지.

그렇게 우리에겐 진정한 자유의지가 생기게 돼. 내가 원하는 것이, 나에게 필요한 것이 너무나 자연스럽게 인생에서 드러나게 되고 모든 것이 애를 쓰지 않아도 완벽하게 흘러가게 돼. 애를 쓰고 악을 쓰는 건 진정한 자유의지가 아니야. 갇혀 있기 때문에 애를 쓰는 거지.

내 모든 의도가 인생의 흐름과 함께할 때 우리는 진정한 자유로운 의지를 가지게 되는 거야. 잠재의식의 의도와 현재의식의 의도, 그리고 인생의 의도가 일치되어진 상태이지."

잠재의식의 순수하고 강한 힘을 우리의 현재의식이 온전히 받아들이게 될 때 우리는 더 이상 인생과 맞서는 것이 아니라 인생과 함께 가는 상태가 됩니다.

우리의 현재의식이 '나'라고 생각한다면 '나'라는 존재는 불완전한 존재입니다.

내가 바라보는 세상 또한 불완전한 세상일 수밖에 없습니다.

불완전한 존재가 관찰자이니 당연히 그러한 것입니다.

하지만 '잠재의식과 함께하는 현재의식'이 '나'라고 생각한다면 '나'라는 존재는 완벽합니다.

그렇게 우리가 보는 세상 또한 완벽한 세상이 됩니다.

잠재의식의 영감과 지혜가 현재의식을 통해 흘러나올 때 우리는 완벽한 관찰자가 되니 말입니다.

❖ 나도 모르는 진짜 내 마음

　진정한 관찰자가 되면 인생을 바꾸게 됩니다. 또한, 시크릿이나 시각화를 통해 얼마든지 원하는 것을 끌어올 수도 있습니다.

　그것 외에도 수많은 테크닉이나 도구들을 내 손에 쥐고 자유자재로 인생을 변화시킬 수 있게 됩니다. 우리는 그러한 존재입니다!

　그런데 문제는 저 논리가 실제적으로 우리 현실에서는 좀처럼 적용되지 않는다는 것입니다.

　많은 전문가들이 말합니다. 우리의 의식이 우리 인생을 창조하고 있다고 말입니다. 또한, 이러한 이론은 다양한 분야의 연구결과에서도 충분히 입증된 것입니다.

　그런데 정작 실제로 인생을 자유자재로 변화시키고 있는 사람들이 몇이나 될까요? 단순히 그것을 받아들이고 이해하는 것 말고 또 다른 기술이 필요한 것일까요? 왜 당연한 듯한 저 개념이 좀처럼 내 인생에는 적용되지 않는 것일까요?

　'내가 내 인생을 창조한다.'라는 개념은 분명히 맞습니다.

　하지만 이것을 조금 더 섬세하게 들여다볼 필요가 있습니다.

　내가 내 인생을 창조한다.

　내 안의 흔들리지 않는 신념이 내 인생을 창조한다.

다시 말해 흔들리지 않는 명확한 초점과 몰입이 내 인생을 창조해낸다.

그렇다면 여러분의 신념이 무엇인지가 중요한 것이 되겠네요.

지금 여러분이 어디에 초점을 맞추고 집중하고 있는지가 관건이 되는 것입니다.

여러분은 여러분 자신이 어떤 상태인지 알고 계신가요?

네 물론 자신 있게 손을 드는 분이 계실 것입니다.

"난 정말 긍정적인 것에 초점을 맞추고 있습니다. 그리고 매일같이 그것에 집중하고 있구요. 난 누가 뭐라 해도 긍정적인 관찰자입니다. 그런데 젠장… 정작 인생은 정말 내 뜻대로 이루어지는 게 하나도 없답니다. 틀림없이 내 인생을 내가 아닌 누군가가 망치고 있다구요!"

이러한 현상은 바로 내가 나를 모르고 있기 때문에 일어난 것입니다.

내 마음 안에 내가 모르는 진짜 마음이 있기 때문입니다.

내 신념 안에 내가 모르는 진짜 신념이 있기 때문이며 내 믿음 안에 내가 모르는 진짜 믿음이 있기 때문입니다.

우리가 인식하고 있는 것은 껍데기에 불과합니다.

진짜 알맹이 속에 들어 있는 신념과 의도, 믿음을 우리는 대부분 알지 못하고 있습니다.

나는 이곳을 향하고 있는데 정작 나의 알맹이는 '저곳'을 향하고 있기 때문에 내 의지하고는 상관없는 '저일'이 일어나는 것입니다.

나는 내 자신이 창조주라는 것을 굳게 믿고 있지만 내 안의 알맹이는 이렇게 말하고 있을지도 모릅니다.

"말도 안 돼. 그건 어림도 없는 일이야. 늘 겪어봐서 알잖아. 인생이 그렇게 쉽게 변할 거라고? 이제는 안 속아."

나는 긍정적인 것에 초점을 맞추고 있다고 자부하고 있지만 어쩌면 내 안의 알맹이는 이렇게 말하고 있을지도 모릅니다.

"내 인생이 그렇지. 늘 똑같았잖아. 괜히 기대했다가 또 실망만 하겠지."

개념이 모순된 것이 아닙니다.

우리가 우리의 진짜 알맹이 부분을 간과하고 있는 것이 문제입니다. 여기서 알맹이라고 하는 것은 우리가 맞추고 있는 진짜 초점을 말하는 것입니다.

창조해내는 것에 있어 필요한 에너지의 대부분이 향하고 있는 곳 말입니다.

우리가 심층의식 속에 빠져 있는 상태에서는 그 어떤 곳을 향하더라도 결국은 심층의식이 의도하는 방향에 초점과 에너지가 몰려있게 됩니다. 그 속에 빠져 있는 상태에서는 자신이 어디에 빠져 있는지조차 인식하지 못하게 됩니다.

내 상태가 전혀 보이지 않는 것입니다.

'의식의 혼'의 상태가 되면 조금 전까지 빠져 있던 심층의식의 모습이 보이게 됩니다.

나의 진짜 알맹이가 어디를 가리키고 있었는지 그 방향이 비로소 보이게 되죠.

다시 말해 '의식의 혼'의 상태가 되어야 진정한 관찰자로서 진정한 자유의지로 인생을 변화시킬 수 있다는 말입니다.

내 뜻대로 인생이 흘러가지 않음은 결국은 내 뜻이 그러했기 때문입니다.

내 자신을 내가 속이고 있었기 때문입니다.

긍정적인 척, 믿는 척, 자신 있는 척하면서 실은 나의 진짜 마음은 정작 보지 못하고 있었기 때문입니다.

내 진짜 의도는 늘 솔직하고 한 치의 오차도 없이 내 인생을 잘 만들어내고 있었습니다.

그러니 내 뜻대로 되는 일이 없다는 말은 맞지 않습니다.

현실을 보면서 진짜 내 뜻을 알 수 있게 되는 것입니다.

'아… 내 뜻이 저러했구나. 내가 심층의식 안에 빠져 있는 동안 내 의

도가 저러했구나.'

이렇듯 진정한 창조는 나를 아는 것으로부터 시작됩니다.
바로 자신과의 소통과 교감으로부터 시작됩니다.

❖ 현실적인 문제를 가장 효율적으로 바꾸려면

우리는 누구에게나 바꾸고 싶은 현실적인 문제가 존재하고 있습니다. 그래서 그 문제를 향해서 정화하고 그 문제를 해소하기 위해서 기도하고 또 내 안의 결핍된 부분을 채우기 위해서 시크릿과 시각화를 치열하게 해봅니다.

그 문제를 향해서 열심히 정화를 합니다.

하지만 앞서 말한 것처럼 정화라는 것은 껍데기일 뿐, 실은 그것을 향하고 있는 진짜 의도는 '그 문제를 해결해야 해….'라는 간절한 바람과 기대, 집착, 그 문제로 인해 생기고 있는 불편한 상황에 대한 불만 등입니다.

그 문제는 활활 타오르기 시작합니다.

'의도와 집중'이라는 기름이 더해지니 거칠 것 없이 더 커지게 됩니다.

내가 바라는 것을 소원하고 만들어내기 위해 집중해봅니다.

하지만 그것은 소원이라는 껍데기일 뿐 실제 의도는 '그것이 필요해. 있어야 편해져. 없으니까 너무 불편해….'라는 결핍입니다.

그러니 그것이 쉽게 오지도 않을뿐더러 그것의 빈자리가 더욱 크게만 느껴집니다.

결핍이라는 신념에 '의도와 집중'이라는 에너지가 더해지니 말입니다.

이런 이유로 저는 정화를 할 때 특정 대상을 정하지 말고 할 것을 권합니다. 우리의 불안정한 현재의식이 어디에 초점을 맞추고 있고, 어떤 의도를 가지고 인생을 보고 있는지 명확하게 파악할 수 없다면 차라리 대상을 정하지 않는 것이 훨씬 낫습니다.

앞서 본 것처럼 오히려 부정적인 에너지에 더욱 힘을 실어줄 수 있기 때문입니다.

해결하고자 하는 문제에 집중해서 변화시키려는 노력은 어찌 보면 이렇게 위험하고 허무할 수 있습니다.

그것에 주던 부정적인 연료와 부정적인 에너지를 차단하는 것이 훨씬 빠른 방법입니다.

그것을 향하고 있던 부정적인 의도를 없애는 것이 현명한 방법입니다. 우리의 현재의식이 어설프게 끼어들어 무언가를 해결하려는 것 자체가 이미 그 문제에 힘을 실어주는 행위가 될 수 있습니다.

중요한 것은 현재의식이 그것으로부터 멀어지는 것입니다.

현재의식이 그것을 보지 않으면 그 문제는 의미를 잃게 됩니다.

심층자원은 현재의식을 통해서만 의미를 가질 수 있다고 앞서 밝힌 것처럼 우리의 현재의식이 그것에 향하고 있던 시선을 돌리는 것만으로도 그것의 덩치는 크게 줄어들게 됩니다.

현재의식이 할 수 있는 최고의 협조는 그것을 도와주는 것이 아니라 관심을 꺼주는 것입니다.

그렇게 현재의식이 물러서게 되면, 의미를 잃고 유연해지기 시작한 심층의식의 그 자원을 잠재의식이 알아서 말끔하게 해결해주게 됩니다. 이것이 현실적인 문제를 해결하는 가장 안전한 방법입니다.

잊지 마십시오.

우리가 무언가에 집중하고 의도를 가진다는 것의 진짜 진실은 그것의 불편함과 필요함에 초점을 맞추고 있는 것일 수 있습니다.

우리가 정말 그것을 필요로 하지 않고 그것이 없는 이 상황에 만족하고 있다면, 우리가 정말 그것을 불편해하지 않고 있다면, 그것에 집중하고 의도를 가질 필요조차 없을 것입니다.

일생 건강한 사람은 결코 건강이라는 것에 집중하면서 의도를 가지지 않습니다. 일생 부유했던 사람은 일부러 애써서 부유함에 집중하면서 의도를 싣지 않습니다.

왜냐하면 그들에게 그것은 당연한 것이니까요. 그리고 그들은 건강과 부가 아닌 자신이 가지지 못한 다른 부분에 집중하고 의도를 실으려고 할 것입니다. 그러면서 마음속으로 이렇게 말할지도 모릅니다.

'아… 이상하네. 일생 돈은 이리도 수월하게 잘 벌어지는데 왜 사랑은

할 때마다 꼬이고 힘든 거지? 도대체 뭐가 잘못된 거지?'

이것은 하나의 딜레마입니다.

필요하니 끌어오기 위해서 집중을 했는데 결국 그것은 결핍의 의도가 실리게 됩니다.

그리고 결핍의 의도는 결핍의 상황을 더욱 크게 만듭니다.

불편한 상황을 벗어나기 위해서 집중을 했는데 결국 그것은 불편한 상황이라는 불만의 의도가 실리게 됩니다.

그리고 그 불만족의 의도는 불편함을 더욱 크게 느껴지도록 만들게 됩니다.

필요한 것을 얻기 위해서는 충분히 가지고 있다는 만족의 의도가 있어야 합니다.

불편한 상황을 해결하기 위해서는 그것이 전혀 불편하지 않다는 만족의 의도가 있어야 합니다.

그리고 완벽한 만족의 의도는 실제로 그것들을 불편해하지도 필요로 하지도 않게 만듭니다. 다시 말해 완벽한 만족의 의도가 생겼다는 증거는 이미 내가 그것에 집중할 이유가 전혀 없어졌다는 것을 보면 알 수 있게 됩니다.

애초에 무언가를 바랐던 것 자체가 사라지게 되는 것입니다.

그리고 인생은 언제 그랬냐는 듯이 유유히 흘러가게 될 것입니다.

필요한 것도 불편할 것도 없이 완벽한 모습으로 말입니다.

필요한 것이 있다면 먼저 필요로 하지 마세요.

불편한 상황이 있다면 먼저 불편해하지 마세요.

그래야 정말 당신이 원하는 것을 가질 수 있게 될 것입니다.

참 아이러니하지 않습니까!

어느 날 아침에 일어나서 거울을 보니 커다란 뾰루지 여러 개가 뺨에 나 있습니다.

며칠 뒤 중요한 오디션이 있는데 말입니다.

이런 경우 대부분은 뾰루지에 엉망이 되어 버린 얼굴을 향해서 정화합니다. 그리고 다시 깨끗해진 얼굴을 상상하며 시각화합니다.

하지만 진짜 키는 외부에 있지 않습니다. 그것을 바라보는 의도에 있다는 것을 이제 여러분들도 다들 아실 것입니다.

그러니 거울을 보며 얼굴과 뾰루지를 향해서 하는 정화는 의미가 없습니다.

그것을 바라보고 있는 의도를 향해서 정화를 해야 하는 것입니다.

'의도'를 정화하라는 것은 그것을 불편하게 바라보고 있는 나의 감정과 생각들을 정화하라는 것입니다.

뾰루지가 올라온 내 얼굴을 전혀 아무렇지도 않게 바라볼 수 있을 때, 그것이 내 일에 장애가 될 것이라는 부정적인 생각에서 벗어날 수 있을 때 진정한 정화가 이루어지게 됩니다.

사실 이렇게 눈에 버젓이 보이는 현상을 두고 마치 없는 것처럼 감정과 생각을 조절한다는 것이 참으로 힘들 것입니다.

그럴 때 정화의 말들을 하십시오.

미안합니다.

용서하세요.

고맙습니다.

사랑합니다.

단 얼굴을 향해서 하는 것이 아니라 그냥 무덤덤하게 이 말들을 하는 것입니다.

"얼굴아, 고마워. 내가 관리를 못 해줬네. 미안해. 그래도 예뻐⋯ 사랑해."라는 좋은 감정에 스스로 넘어가지 마십시오. 어쩌면 그렇게 말하고 있는 감정 뒤에는 여전히 또 다른 의도가 숨어있을지도 모릅니다.

"아⋯ 정말 보기 싫네. 빨리 없어져야 할 텐데. 정화만 잘하면 되겠지. 이번엔 효과가 있어 줘야 할 텐데⋯."라고 진짜 감정이 말하고 있을지도 모릅니다.

그러니 민감한 문제가 있다면 더더욱 감정을 싣지 말고 덤덤하게 이 말들을 하시는 것이 좋습니다.

≪내 인생의 호오포노포노 : 천사들이 들려주는 이야기≫에서도 나와 있듯이 수많은 연구결과, 특별한 감정을 싣지 않은 언어 자체만으로도 큰 파동을 일으킨다고 합니다.

그러니 확신 없는 감정을 싣는 것보다는 담담하고 고요하게 그 말들을 해주는 것이 더 효과적일 수도 있습니다.

우리의 현재의식이 감정의 방을 만드는 순간, 심층의식의 감정 또한 그 자리를 차지하게 될 확률이 높아지기 때문입니다.

단, 정화의 말들을 반복해서 하다 보면 현재의식이 만드는 감정이 아니라 가슴속 깊은 곳에서 저절로 우러나오는 감정이 실리게 될 때가 있습니다. 그것은 잠재의식이 올려주는 감정입니다.

그럴 때 나를 속이지 않는 진짜 감정으로써 정화에 긍정적인 에너지를 실어주게 됩니다.

'지성이면 감천이다.'라는 말이 있습니다.

정성이 지극하면 하늘도 감동한다는 뜻입니다.

맞습니다. 정화도, 기도도 지극하고 간절한 마음이 들어갈 때 효과가 좋을 것입니다.

하지만 이 점을 명심해야 합니다.

정말 지극하고 간절한 마음은 의식이 만들 수 있는 것이 아닙니다. 기대와 욕심으로 만들어낸 마음은 결코 긍정적인 에너지를 실어줄 수 없습니다.

가슴속 깊은 곳에서 저절로 차오르는 것이 정말 지극하고 간절한 마음입니다.

❖ 의식의 혼

진짜 내 마음, 진짜 내 신념과 믿음, 의도를 알아야 인생이 바뀔 수 있음을 앞장에서 알게 되었습니다.

그리고 그것은 '의식의 혼'의 상태에서만 알 수 있다고 말했습니다.

'의식의 혼'의 상태란 고요하게 나를 바라보고 있는 상태입니다.

'의식의 혼'의 상태가 성숙할수록 우리는 우리 자신을 더욱 객관적이고 선명하게 볼 수 있습니다.

하지만 이 상태를 만들고 유지하는 것이 그리 쉬운 일은 아닙니다. 자신을 관찰할 수 있는 힘, 자신의 생각과 감정을 조절할 수 있는 힘이 있는 사람은 인생을 바꾸는 힘도 함께 생기게 됩니다.

다시 말해 자신에 대해 누구보다 잘 알아야 인생을 바꿀 수도 있다는 말입니다.

안팎의 의도가 일치해야 온전한 초점과 몰입도 가능하기 때문입니다.

의식의 혼을 강화하는 방법들에는 여러 가지가 있습니다.

사실 의식의 혼이라는 말 자체가 케오라 식의 표현이라서 낯설 뿐이지, 이미 수많은 사람들이 고요한 의식상태에 대해 수없이 언급해왔습니다. 그리고 그 고요한 상태를 만들고 유지하는 방법들도 수없이 제시해왔습니다.

여기서 말씀드리는 것은 케오라가 저에게 알려준 방법들입니다.

그리고 그것들은 이미 앞장에서 수차례 언급되어 온 부분들입니다만 여기서 다시 한 번 정리를 해보겠습니다.

의식의 혼은 현재의식이 심층의식으로부터 분리되어진 상태입니다.

그리고 고요히 나를 바라보고 있는 상태입니다.

그러므로 일상생활 속에서 나의 감정이나 생각, 내 모습을 바라보고 관찰하는 연습을 하게 되면 의식의 혼은 강해지게 됩니다.

내가 생각과 감정 속에 존재하고 있었음을 알아차리는 것입니다.

나의 의식이 생각과 감정의 밖에 있었던 것이 아니고 그 속에 온전히 빠져 있었음을 알아차리는 것입니다.

처음에는 이것이 낯설게 느껴지고 감이 잡히지 않겠지만, 꾸준히 해보면 어떤 느낌인지 점차 알게 될 것입니다.

버스 안에서 흘러나오고 있었던, 내가 좋아하는 그 노래가 일절이 다 지나가도록 내 귀에 들리지 않았다는 사실을 문득 깨달은 적이 있으십니까?

'어! 언제 저 노래가 나오고 있었지? 벌써 끝나가네.'

그것을 인식하는 그 순간이 생각과 감정으로부터 빠져나온 순간입니다.

매일 보던 내방인데 문득 새로운 방에 들어선 것 같은 느낌이 드실 때가 있으십니까?

그 순간, 기억에서 바라보던 내방은 사라지고 '의식의 혼'의 상태에서 내방을 보게 되는 순간입니다.

생각과 감정 속에 있게 되면 우리의 머릿속은 안개로 가득 차 있는 상태가 됩니다.

바로 앞에 있는 사람도 안 보이게 되고 이어폰에서 흘러나오는 노랫소리도 못 듣게 됩니다.

안개가 걷힌 세상이 선명해 보이는 것처럼 생각과 감정 속에서 문득 깨어나게 되면 비로소 눈앞에 보이는 세상이 선명하게 느껴지고 내 귀에 들리는 소리도 뚜렷하게 느껴집니다.

누군가는 사람들이 흔히 말하는 '멍 때리고 있는 상태'를 '의식의 혼'의 상태로 착각할 수도 있을 것 같습니다만 결코 고요한 상태와 '멍 때리고 있는 상태'는 다릅니다.

생각과 감정에서 벗어나게 되면 그 어느 때보다 모든 것이 선명하게 느껴지고 머릿속 또한 총명해집니다.

똑똑한 생각을 내려놓았으니 바보 같아질 것 같지만, 사실은 그 어느 때보다 현명하고 지혜로운 상태입니다. 정보로 똑똑한 사람이 아니라 영감으로 현명한 사람이 되어 있는 것입니다.

지식과 정보는 나의 행복까지 챙기지는 않습니다.

그저 똑똑한 사람으로 만들어 줄 수는 있습니다.

하지만 영감은 나의 행복까지 알뜰히 챙겨줍니다.

지혜로운 사람은 결코 불행할 수가 없습니다.

그리고 '**미안합니다. 용서하세요(용서합니다). 고맙습니다. 사랑합니다.**' 이 말들을 하는 것도 생각과 감정에서 깨어나는 데 큰 도움이 됩니다. 필자 또한 생각과 감정 속에 빠져들지 않기 위해 이 말들을 수 없이 되뇌었습니다.

저에게 이 말들은 생각 속의 방황을 끝내는 신호입니다.

'아… 내가 생각 속에 빠져 있었구나….'라는 것을 알아차리는 순간 바로 이 네 마디 말을 다시 되뇌었습니다.

생각의 자리에 이 말들을 대신 채우는 연습을 해왔습니다.

지금은 훨씬 수월하게 생각과 감정에 빠져 있는 대신 이 말들을 합니다. 생각과 감정이 어지럽게 나를 뒤흔들려고 할 때마다 담담히 이 아름다운 말들을 그 자리에 대체합니다. 그러면 곧 생각과 감정은 수그러들고 다시 고요해지기 시작합니다.

그리고 때로는 이 말들로도 벗어날 수 없는 강력한 생각과 감정을 만나기도 합니다.

하지만 이런 경우에도 이 네 마디 말을 함께하고 있으면, 의식이 중심을 잡고 휘몰아치는 생각과 감정을 지켜볼 수 있게 됩니다.

이런 생각이 몰려와서 내 머릿속을 휘젓다가 다시 감정들을 몰고 와서는 가슴속을 휘저었다가 그리고 서서히 조금씩 의미를 잃고 꺼져가는 그 과정을 저는 '**미안합니다. 용서하세요(용서합니다). 고맙습니다. 사랑합니다.**'라는 말로 중심을 붙잡고 지켜보는 것입니다.

이럴 때 우리의 의식의 혼은 점점 강해지게 됩니다.

또한, 감정과 생각 속에서 했던 나의 행동과 말들에서 뒤늦은 후회와 자책으로 나 자신을 괴롭힐 때에도 이 말들을 놓치지 않게 되면 그 다음으로 진화하려는 또 다른 감정의 패턴 속에 빠지지 않게 됩니다.

그렇게 우리의 현재의식은 점점 심층의식에 얇게 빠지게 되고 심층의식에 빠져 있는 시간이 점점 줄어들게 됩니다. 그렇게 우리의 의식의 혼은 점점 강해지게 됩니다.

'나를 관찰한다.'라는 선언을 하고 늘 나를 바라보시기 바랍니다. 그리고 아름다운 정화의 말들은 이것에 힘을 실어줄 것입니다.

내 생각과 감정을 관찰하게 되면 어느 순간 나의 심층의식과 잠재의식이 느껴지기 시작합니다. 또 어느 순간 내 인생의 전체 모습이 서서히 보이기 시작합니다.

그리고 우리는 큰 통찰을 일으키게 됩니다.

'아… 내 인생이 왜 이렇게 흘러왔는지 이제야 알겠네! 내가 이 방향

을 향해 가고 있었다는 것을 이제야 알겠네!'

저는 최면을 정화와 소통을 위한 도구로써 활용하고 있습니다.

어떤 의미에서 최면은 이완입니다. 몸과 마음을 이완시킴으로써 현재의식의 힘을 빼는 것입니다.

현재의식이 힘을 빼게 된다는 것은 곧 심층의식으로부터의 분리를 뜻합니다.

현재의식이 힘주어 붙잡고 있는 것은 심층의식입니다.

현재의식은 잠재의식이나 영감을 붙잡지는 않습니다.

온전한 내 것이라면 붙잡을 필요가 없습니다. 내 것이 아니기 때문에 뺏기지 않기 위해, 지키기 위해 힘주어 붙잡아야 하는 것입니다.

심층자원은 본래 내 것이 아닙니다. 외부에서 들어온 것들이죠.

하지만 잠재의식은 본래의 '나'입니다. 원래 내 안에 늘 존재하던 부분입니다.

온전한 나의 부분이니 영감이라는 것은 붙잡는 것이 아니라 초점을 두고 알아차리기만 하면 되는 것입니다.

최면은 현재의식의 이완으로써 '의식의 혼'의 상태를 일시적으로 유도해내기도 합니다.

그리고 '의식의 혼'의 상태에서 그의 기억들과 잘못된 신념을 객관적으로 보게 하는 것입니다. 그럴 때 각성상태에서는 하지 못했던 통찰이 '의식의 혼'의 상태에서 일어나게 됩니다.

'아… 그게 그렇게 중요했던 것이 아니었구나!'

'그 상황에서는 그것이 가장 완벽했었구나!'

'내 오해가 그것을 왜곡시켰었구나. 알고 보니 잘못된 게 전혀 없었
네!'

이렇게 의식의 혼은 자신이 잡고 있던 기억과 신념을 내려놓고 통찰
로써 얻게 된, 자신에게 유리한 새로운 신념을 지니고 각성하는 것입니
다. 거창한 세션이 아니더라도 일상생활 속에서 조용히 힘을 풀고 명상
을 하게 되면 최면상태에서 느낄 수 있는 의식의 혼의 상태를 임의로 만
들어낼 수 있습니다.

그리고 그것을 반복하게 되면 나를 지켜보는 그 느낌에 익숙해지게
될 것입니다.

현재의식이 힘을 주게 되면 심층의식이 강해집니다.

현재의식이 힘을 빼게 되면 의식의 혼이 강해집니다. 그리고 우리는
비로소 잠재의식과 함께하게 됩니다.

현재의식에게 힘이란 생각과 감정을 말하는 것입니다.

생각과 감정이라는 무거운 짐을 버티기 위해 현재의식이 더더욱 힘을
주게 되는 것입니다.

'현재의식이 힘을 뺀다'라는 행위는 곧 내려놓음을 의미합니다.

힘주어 쥐고 있던 그 무엇을 내려놓는다는 뜻입니다.

언제인가 지인들이 모여 있는 자리에서 누군가 이런 질문을 했습니다.

"도대체 '내려놓는다'는 건 어떤 상태일까요?"

그러자 다른 누군가가 이렇게 대답했습니다.

"그 무엇을 포기한다는 것이죠."

그 대답에 케오라는 이런 말을 더 보태었습니다.

"내려놓는다는 것은 그 무엇을 포기하고도 마음이 편한 상태입니다. 포기하고도 마음이 불편하다면 그것은 포기만 한 것이지 내려놓은 상태는 아닙니다. 여전히 감정은 그것을 붙잡고 있는 것이죠. 정말 내려놓게 되면 그것이 없는 그 상황에서도 마음이 편안해 합니다."

우리의 모든 기억과 카르마가 완전히 소멸되어 사라지기까지는 너무나 긴 세월이 필요할지 모릅니다.

하지만 우리가 '의식의 혼'의 상태에서 가장 고요할 수 있다면 우리는 지금 당장 기억과 카르마로부터 자유로워질 수 있습니다.

그 자유가 어쩌면 진정한 소멸이지 않을까요?

제3장

정화와 소통의 길에서
만난 선물, 최면

❖ 최면을 시작하다

여러분들은 '최면'이라고 하면 어떤 것들이 떠오르십니까?

최면사라는 사람이 들고 있는 시계추의 움직임을 몇 번 바라보지도
않았는데 이내 잠들듯이 스르르 눈이 감깁니다.

그리고는 곧바로 환상의 세상 속으로 넘어가게 됩니다. 그곳은 마치
꿈속의 세상처럼 현실이 아니지만, 현실인 것처럼 생생하고 화려하게
펼쳐집니다.

그 세상에서 의식은 현실을 완전히 망각한 채 그곳이 온전한 현실이
라고 착각하고는 스펙타클한 체험을 하면서 신비스러운 느낌들을 받게
됩니다.

그리고 마치 다른 차원의 세상에서 들려오는 듯한 최면사의 목소리

가 환상의 세상에 울려 퍼집니다. 그 목소리는 너무나 절대적이어서 하라는 대로 무조건 따르게 되며 실제로 그 목소리에 따라 환상 속 세상의 모습이 바로바로 모습을 바꾸기도 합니다.

그렇게 최면사의 말에 절대적인 복종을 하면서 환상의 세상을 체험하게 되고 그 최면사의 강력하고도 절대적인 암시와 영향력은 각성 후에도 이어져서 일상생활에까지 복종하게 만들 수도 있게 됩니다.

또한, 최면상태에서는 최면사의 말이 절대적이기 때문에 그 어떤 것을 시켜도 그대로 따르게 됩니다.

여러분이 떠올리시는 최면이 혹시 이런 것들 아니십니까?

아마 최면에 대해서 영화나 매체를 통해서만 접해보신 분들이라면 이런 식의 비슷한 것들을 떠올리실 거라 생각됩니다.

저 또한 최면이라는 것을 제대로 공부하기 전에는 딱 저런 것이 최면이라고 단정 짓고 살아왔습니다. 그래서 저에게 최면은 미신의 영역, 별로 알고 싶지 않은 영역 속에 있는 것이었습니다.

호오포노포노를 시작하고 5년쯤 되던 어느 날이었습니다.

그 당시 이슈가 되고 있었던 최○○이라는 연예인에 대한 기사를 검색하던 중 자판을 잘못 눌러서 최면이라는 검색창으로 넘어가게 되었습니다. 정말 순간적인 실수였죠.

다시 바로 잡으려고 하던 찰라, 머릿속에서 강한 메시지가 들려왔습니다.

'실수 아니야. 최면… 최면을 봐!'

그 순간 저의 현재의식은 강하게 부정하고 무시하려고 했었습니다.

'뭐라고? 말도 안 돼. 최면을 보긴 왜 봐?'

'아니, 최면은 제대로 눌러진 거야. 실수가 아니야. 최면을 검색해서 알아봐. 앞으로 네가 공부할 분야니까.'

정말 황당하기 그지없었습니다. 평생 접해보지도, 관심도 없었던, 아니 저에게 온통 부정적인 선입견으로만 가득 차 있었던 최면을 공부하라니 말입니다.

그때 케오라는 저에게 이렇게 말했습니다.

"한 손에는 '호오포노포노'를 쥐고 또 한 손에는 '최면'을 쥐어. 그러면 그 두 가지로 인생에 도움이 될 멋진 작품을 만들어나가게 될 거야. '정화와 소통'이라는 개념에 '최면'이라는 테크닉이 큰 힘을 실어주게 될 거야."

그렇게 케오라는 제가 공부해야 할 분야와 그 분야에 관련된 전문가까지 추천해 주었습니다.

저의 '최면'은 이렇게 시작되었습니다.

물론 최면이라는 테크닉은 저의 잠재의식이 저에게 맞는 것을 추천해 준 것입니다.

최면이라는 것이 정화와 소통을 하는 데 있어 모든 사람들에게 다 맞는 최고의 도구는 결코 아닐 수 있습니다.

각각의 환경과 의식의 성향에 따라 얼마든지 자신에게 더 맞는 도구를 잠재의식이 추천해줄 수도 있는 것입니다. 그러니 오해는 하지 마시길 바랍니다.

이 장에서 필자가 강조하고 싶은 것은 최면이라는 것의 이점을 소개해드리는 것도 있지만, 저라는 사람 개인의 잠재의식이 현재의식에게 선물해준 도구라는 것에 더 의미가 있음을 밝힙니다.

그리고 잠재의식으로부터 선물 받은 그 도구를 정화와 소통을 하는데 있어 어떻게 활용했는지를 소개하고자 하는 것에 목적이 있습니다. 그렇게 정화와 소통을 하게 되면 우리 인생에 딱 필요한 나만의 도구를 찾게 됩니다.

전문적으로 배우기 시작한 최면 분야는 제가 알고 있었던 그것과는 완전히 다른 것이었습니다. 그동안 내가 얼마나 무지하게 최면을 바라보고 많은 선입견 속에서 최면이라는 분야를 미신으로만 치부하고 살아왔는지 알게 되었습니다.

그리고 단적으로 표현하자면 최면은 오히려 거창하고 대단한 것이 아니라 저에게는 너무나 일상적인 시시한 그 무엇이었습니다.

환상의 세계를 경험하는 것도 아니었고 최면을 유도하는 사람의 말이 절대적인 것은 더더욱 아니었습니다.

저에게 최면의 상태는 '편안한 이완상태'였습니다.

물론 이것은 저의 관점에서 표현한 것입니다. 또한, 최면에 대해 전문적인 관점에서 설명하고 있는 것은 아닙니다. 이 책이 최면전문가를 위한 것이 아니니만큼 정화와 소통을 하는 사람의 입장에서 제가 활용하고 있는 부분만 표현하고 있습니다.

우리의 의식과 몸은 늘 긴장 속에서 힘을 주고 있습니다.

다만 이 긴장 상태가 너무나 익숙한 나머지 얼마나 힘이 강하게 들어가 있는지 스스로 인식하지 못하고 살아왔을 뿐입니다.

무엇이든지 반대의 경험을 제대로 해보아야 비교가 되는 것처럼, 최면으로 제대로 이완이라는 것을 경험해보니 그동안 얼마나 몸과 마음에 힘을 주고 살아왔는지가 선명하게 인식되었습니다.

최면작업 시 최면가는 내담자의 몸과 마음이 편안하게 이완될 수 있도록 유도해주고 현재의식이 힘을 빼고 의식의 혼의 상태로 고요하게 존재할 수 있게 이끌어줍니다.

그런 환경에서 내담자의 내면의 문은 조금씩 열리기 시작합니다.

그리고 현실에 영향을 주고 있는 내면의 기억들과 정보, 신념을 끄집어내어 내담자 스스로 자신의 자원을 바라볼 수 있도록 유도를 해줍니다. 이렇게 내담자의 의식의 혼은 객관적인 자리에서 그 사건, 그 감정을 바라보며 비로소 오해를 풀고 지혜로운 판단으로 새로운 신념을 형성하고 통찰을 스스로 얻게 됩니다.

이것이 대단한 작업처럼 보일지 모르겠지만 사실 최면의 구체적인 유도가 아니더라도 얼마든지 의식이 편안하게 이완하고 힘을 뺄 수 있다면, 위와 유사한 작업은 스스로도 충분히 할 수 있습니다.

실제로 필자는 최면을 배우기 훨씬 전에 이런 경험을 하였습니다.

저는 오랜 세월 위장 때문에 많은 고통을 받아왔습니다. 물만 마셔도 소화가 안 될 정도로 위 상태가 좋지 못했었습니다. 약은 그때뿐이었고, 병원에서 위내시경을 받아보아도 특별한 문제는 없다고 하였습니다. 차라리 무언가 명확한 문제라도 보이면 적극적으로 치료라도 할 수 있을 텐데 멀쩡한 위가 이렇게 소화도 안 되고 불편하다니 더 미칠 노릇이었습니다.

그러던 어느 날…. 조용히 누워서 정화하고 케오라에게 부탁을 했습니다. '케오라… 나 너무 힘들어. 위가 왜 이렇게 아픈지 그 원인을 알고 싶어. 부탁해.'

그리고는 명상을 하듯이 눈을 감고 내면에 조용히 집중하였습니다.

얼마나 시간이 흘렀을까요? 문득 머릿속에서 한 장면이 떠오르는 것입니다. 그것은 오래전 직장에서의 제 모습이었습니다.

그 장면 속에서 저는 그 당시 늘 그랬던 것처럼 사무실에 홀로 남아 야근을 하고 있었습니다.

대학 시절 적성에 맞지도 않는 컴퓨터통계학과를 가까스로 졸업한 후, 당연한 순서인 듯 그와 관련된 직장에 취직을 하게 되었습니다. 꽤 규모가 큰 금융 관련 기업의 전산실에서 프로그램 짜는 일을 하게 된 저는 하루하루가 고충이었습니다.

열심히 공부를 하지 않아 실력이 부족한 것도 있었지만 무섭고 권위적인 사수 밑에서 몇십억 원부터 1원까지 한 치의 오차도 허용될 수 없는 금융 관련 프로그램을 짜내는 것은 정말 저에게 큰 스트레스였습니다.

그 당시 저는 늘 홀로 남아 상사가 맡긴 일들을 해내기 위해 고군분투하였습니다.

그 장면 속의 나…, 잔뜩 풀이 죽은 모습으로 어깨를 축 늘어트린 채 늦은 밤 컴퓨터 앞에 앉아 있는 저의 뒷모습을 보는데 갑자기 마음이 울컥하는 것입니다.

해결할 수 없는 숙제를 받은 학생처럼 그 뒷모습에는 막막함과 불안감이 가득 실려 있었습니다.

그 당시의 제 모습이 너무나 안쓰러워 보여서 하염없이 눈물이 나오기 시작했습니다.

그렇게 울면서 현실의 '나'는 그 기억 속의 또 다른 '나'를 꼭 안아주었습니다.

"많이 힘들었지…. 다 알아. 내가 너니까 다 알아. 정말 고생 많았어. 늘 구박받았지만 정말 최선을 다했잖아. 그걸로 된 거야. 충분히 잘했어. 괜찮아. 그리고 나는 이제 너무나 편안하게 잘살고 있는데, 아무도 실력 없다고 구박하지도 않고 더 이상 골치 아프게 해결해야 할 프로그램도 없는데, 넌 정작 그 기억 속에 갇혀서 여전히 고통받고 있었구나. 난 정말 몰랐어. 나만 편해지면 다인 줄 알았어. 정말 미안해. 정말 미안해. 이제 우리 같이 벗어나자. 다 끝났어. 10년 전에 다 끝난 일이야. 지금은 너무나 자유롭고 편해. 함께 쉬자. 사랑해."

이렇게 나는 현실에서 편안해 하고 있었지만, 나의 위는 아직도 그 기억 속에 갇혀 고통받고 있었던 것입니다.

아무도 알아봐 주지 않는 기억 속에 갇혀서 말입니다. 그러니 얼마나 서럽고 힘들었겠습니까?

그러고 보니 제 위가 그렇게 예민해지기 시작한 것이 직장생활을 하고 나서부터였습니다.

정말 놀라운 것은 그날 이후 거짓말같이 위가 편해졌다는 것입니다. 그 후로 저는 입에 달고 살던 소화제를 끊게 되었고 지금까지도 너무나 좋은 상태를 계속 유지하고 있습니다.

그 당시에는 몰랐습니다. 이 경험들이 바로 최면세션과 다를 바 없었다는 것을 말입니다.

최면을 전문적으로 배워보니 놀라울 정도로 그 당시의 저는 최면세션에서 하는 방식 그대로 제 기억과 정보를 바로잡고 정화를 하였던 것입니다. 이렇게 최면은 알고 보니 일상생활 속에서 늘 경험할 수 있는 이완상태와 다를 바가 없었습니다. 무서운 것도 아니고 환상적인 것도 아니었습니다. 현재의식이 목적을 가지고 전문가의 유도 속에서 이완을 체험하는 것의 차이일 뿐입니다.

그리고 최면전문가의 암시 또한 절대적인 것은 아닙니다.

아무리 최면상태라 하더라도 현재의식이 직접 개입해서 그 모든 것을 체험하고 있는 것이기 때문에 얼마든지 그 암시를 받아들이고 말고를 선택할 수가 있습니다.

아니 오히려 이완으로 인해서 만들어진 의식의 혼이 더욱더 뚜렷하고 선명한 통찰로써 자신에게 맞는 암시를 선택적으로 받아들일 수 있게 될지도 모릅니다.

만약 최면가가 아주 깊은 최면상태에 든 여자에게 윗옷을 벗으라는 짓궂은 암시를 준다면 그 여자는 어떻게 반응을 하게 될까요?

당연히 그 여자는 자신이 생각하기에 불합리하고 불편한 그 암시에 대해서 강한 거부반응을 일으키게 될 것입니다. 아마 스스로 각성해서 벌떡 일어나 그 최면가의 뺨을 때릴지도 모릅니다. 그리고 최면역사의 초창기에 실제로 이러한 일화들이 있었다고 합니다.

이처럼 깊은 최면상태라고 해서 사고활동이 정지되는 상태는 아닙니다. 자신의 깊은 신념이나 도덕적인 신념에 위배되거나 합당하지 못한 암시나 제안은 얼마든지 거부할 수 있다는 것입니다.

'이완'이라는 것은 정말 중요합니다.

우리의 몸이 하루 종일 쉬지 못하고 일만 한다면 약해질 수밖에 없듯이, 우리의 의식 또한 휴식이 필요합니다.

'이완'을 통해 현재의식이 힘을 풀게 되면 뇌도 휴식을 취하게 되고, 우리의 마음도 함께 휴식을 취하게 됩니다. 어떤 구체적인 작업이 없더라도 꾸준히 이완만 해주더라도 훨씬 우리의 인생은 유연해질 수 있습니다.

그리고 '이완'을 한다는 것은 내가 쥐고 있었던 것들을 잠시나마 내려놓음을 뜻합니다.

이완의 경험을 반복적으로 하면서 그 느낌에 익숙해지게 되면 내가 붙잡고 있던 것들 또한 내려놓을 수 있게 됩니다.

마음에 힘을 풀게 되니 당연히 잡고 있던 것을 놓게 되는 것입니다.

또한, 이렇게 무엇인가를 내려놓는다는 것은 곧 의식의 혼이 강해짐을 말하기도 합니다.

의식의 혼이 강해졌을 때 우리의 인생이 얼마나 평화로울 수 있는지는 누누이 설명해왔습니다.

이렇게 중요한 '이완'을 도울 수 있는 수많은 도구들 중의 하나가 바로 최면입니다.

저는 최면전문가입니다만 여러분들은 얼마든지 이보다 더 멋진 이완의 도구를 쥘 수 있습니다.

중요한 것은 최면이 아니라 '이완'이 가지는 효과인 것을 잊지 마십시오.

❖ 최면작업 - 현실적인 문제의 정화

필자가 하고 있는 최면작업은 크게 두 가지로 분류할 수 있습니다. 의식의 성장 자체를 목적으로 진행하는 작업과 구체적인 현실의 특정 문제를 해결하기 위한 목적으로 하는 작업입니다.

때로는 이 두 가지 작업을 병행할 수도 있고, 의식의 성장을 목적으로 작업하더라도 작업과정에서 특정 문제가 해결되기도 하고, 반대로 특정 문제를 해결하기 위한 작업을 하게 되더라도 의식의 성장이 따라오기도 합니다.

후자의 작업은 직접적인 정화의 효과가 있습니다.

마치 외과 수술을 하는 것처럼, 현실에서 일어나고 있는 특정 문제의 원인을 찾아 직접 정화하는 것입니다.

이 문제를 일으켰던 이생의 최초의 사건으로 거슬러 올라가 재경험을 통해 왜곡되어지고 오해되어진 부분들을 바로잡기도 하고, 객관적인 입장에서 그 사건을 바라보며 스스로 통찰을 일으켜 정화하기도 합니다. 그리고 특정 문제를 반복적으로 일으키는 내면의 신념 파트를 찾아서 긍정적으로 타협하면서 정화작업을 하기도 합니다.

　한 여성 내담자의 경우 두 가지의 현실적인 문제로 상담을 받으신 적이 있었습니다.

　한 가지는 극심한 생리통 때문에 너무나 힘들다는 것이었습니다. 그날만 되면 응급실에 실려 가는 일이 다반사이며 여러 번 쓰러진 적도 있었다는 것입니다.

　이렇게 정상적이지 못한 예민한 통증을 따라 그 원인을 찾아가 보니, 유독 약하게 태어났던 자신의 신생아 시절로 역행을 하였습니다. 그곳에서 많은 사람들이 갓 태어난 자신을 두고 이 아이는 너무 작고 약하게 태어났으니 앞으로 얼마 살지 못할 것이라는 말을 하더랍니다. 그 상황에서 그분은 엄청난 불안감과 두려움을 느끼고 있었습니다.

　정말 자신은 큰 문제가 있는 몸으로 태어난 것이고 앞으로 얼마 살지 못하고 죽을지도 모른다는 공포감에 떨고 있었습니다.

　이 상황을 다시 재경험하던 그 내담자는 곧 현실적 관점에서 객관적인 시선으로 그 상황을 다시 바라보며, 사실 그것은 과장된 해석이었으며 실제로는 주변의 우려와는 달리 자신이 정말 건강하게 잘 컸다는 것을 깨닫게 되었습니다.

그렇게 과장되고 왜곡되었던 그 감정들은 정화되었습니다.

그리고 그 후 그분은 거의 난생처음으로 생리통 없이 편안한 그 날을 보내셨다고 피드백을 주었습니다.

그리고 또 한가지 문제는 직장에서 늘 동료와의 갈등이 있었다는 것입니다.

직장이 바뀌어도 여전히 동료와의 사이는 안 좋았다고 합니다. 그 원인을 자신도 알 수 없다고 하셨습니다.

그 문제를 가지고 최초의 사건을 찾기 위해 따라가 보니 어릴 적 사촌 언니들이랑 놀고 있던 곳으로 역행을 하였습니다.

사촌 언니들을 따라 시내로 놀러 나갔었는데 언니들이 다 같이 짜고 자신만 따돌린 채 자기들끼리 다른 놀이를 하러 가버린 것입니다. 그렇게 길에 버려진 내담자는 한참을 두려움에 떨며 돌아다녀야 했습니다. 그리고 그 후로도 일상에서 비슷한 경험들이 반복적으로 이어져 오며 이 최초의 사건 당시 경험했던 감정들을 강화시키고 있었습니다.

내담자는 그 경험 속에서 사람들에 대한 불신과 배신감, 언제든지 자신을 곤경에 빠뜨릴 것이라는 신념을 가지게 되었습니다.

역시나 내담자는 재경험을 통해 그 당시의 감정들을 생생하게 표면으로 끌어올린 뒤, 객관적인 관점에서 다시 그 사건들을 바라보며 어린 마음에 그 배신감을 너무 확대해석해 버린 것이라는 깨달음을 얻게 되었습니다. 또한, 자신을 버려두고 간 사촌 언니들이 그 후에 어른들에게 엄청 혼이 나고 많이 맞았다는 것을 알게 되면서 오히려 미안해하며 용서를 하게 되었습니다.

그 당시에는 자신의 감정 속에 푹 빠져서 미처 둘러보지 못했던 주변 상황들이 눈에 보이기 시작한 것입니다.

온 가족들이 걱정하며 애타게 자신을 찾아다녔던 것, 그리고 숙모들에게 엄청 혼이 났던 언니들, 또한 집에 돌아왔을 때 눈물을 흘리며 진심으로 자신에게 사과하던 언니들의 모습 등 말입니다.

작업 후 그분은 이상할 정도로 직장 동료들이 자신에게 친절해진 것 같고 자신도 하는 일이 너무나 재미있게 느껴지더라는 피드백을 주셨습니다.

어쩌면 직장 동료들은 늘 같은 모습이었을지도 모릅니다. 내담자의 시선이 기억 속에 갇혀 그들을 왜곡시켰던 것일지도 모릅니다.

그리고 어떤 내담자의 경우, 매사 모든 일에 자신감이 없고 자신의 의견을 누군가에게 말한다는 것은 있을 수도 없는 일이며 타인과 대화를 나눌 때에는 눈도 제대로 맞추지 못한다고 하셨습니다.

이분의 내면에서 이런 증상에 관련된 파트를 찾아보니 '사람들 앞에서 잘난 척하지 않아야 사랑받을 수 있다.'라는 신념이 나왔습니다.

사람들과 잘 어울리고자 했던 부분이 수많은 경험들과 정보들에 의해 왜곡되어져서 오늘날 그런 증상을 일으키는 신념으로 굳어져 버린 것입니다.

그 신념을 정화해주고 자존감을 올릴 수 있는 새로운 암시의 신념을 심어주는 작업을 하였더니 그 후, 그분이 운영하고 있었던 미술 학원에서 학부모와 상담할 일이 생겼었는데 정말 신기하게도 상대 학부모와 눈을 맞추고 자신 있게 자신의 의견을 이야기할 수 있었다는 피드백을 전해주셨습니다. 그리고 그분의 어머니 또한 자신에게 눈빛이 너무 초롱초롱해졌다는 말씀을 하셨다고 합니다.

그리고 또 한 분의 경우는 외롭다는 감정 속에서 이 사람 저 사람 전전하며 무분별한 성관계를 가지고 있었습니다. 하지만 늘 그 외로움은 없어지지 않았습니다.

그러던 중 세션에서, 남편 없이 평생 외롭게 살고 있는 엄마의 인생을 자신 또한 꼭 닮아서 그렇게 따라가게 될 것이라는 신념을 발견하게 되었습니다.

작업을 진행하면서 그 신념을 정화해주었습니다.

그 후 2년이 흐른 뒤에 그분께서 연락을 주셨습니다. 작업 후 모든 관계를 청산하고 한 사람과 연애를 하게 되었으며 곧 결혼을 한다는 소식을 알려주셨습니다.

이렇게 최면작업은 그 문제의 원인이 되는 기억이나 신념을 찾아 직접적으로 정화를 할 수 있습니다.

물론 제가 앞장에서 체험했듯이 이완의 상태가 적절히 만들어질 수 있다면 유도자 없이도 정화되어져야 할 기억들과 신념들이 올라오게 됩니다. 그럴 때 정화를 하게 되면 최면작업에서처럼 왜곡되어졌던 신념과 기억들을 풀어낼 수 있습니다.

이때 거창한 정화작업은 필요 없습니다. 올라온 기억을 향해 이 말만 해주면 됩니다.

"미안해. 용서해줘. 사랑해. 고마워."

어찌 되었든 최면을 통해서, 우리 안의 기억들과 신념들이 지금의 인생에 얼마나 직접적이고 절대적인 영향을 주고 있는지를 확인할 수 있었습니다.

막연하게 '내부의 자원이 현실을 만들어낸다.'라는 개념을, 최면을 하게 되면서 직접 눈으로 확인할 수가 있었습니다.

우리는 어쩌면 '지금'을 살고 있는 것이 아닙니다. 여전히 '과거' 속에서 살고 있는 것인지도 모릅니다.

우리가 경험했던 과거는 저절로 사라지지 않습니다.

그 경험에 특정 감정이 강하게 붙게 된다면 그것은 '내 것'으로써의 특별한 의미가 부여되고 정말 '내 것'으로써 내 인생에 직접적인 영향을 주게 됩니다.

우리는 온전한 30세, 40세가 아닙니다.

정화되어지지 못한 기억 속의 4살, 7살의 모습을 고스란히 하고 있는 것인지도 모릅니다.

과거의 기억과 사연들은 정화되어지지 않는 한 스스로 사라지지 않습니다.

그리고 그것은 카르마의 형태가 되어 인생을 만들어내고, 신념의 형태가 되어 나의 정체성을 만들어내게 됩니다.

심층의식으로부터의 분리는 곧 '과거'로부터의 분리를 의미합니다.

이렇게 '과거'로부터 분리되어져야 진정한 '지금'을 살 수 있게 됩니다.

❖ 최면작업 - 의식의 성장

　다음은 최면작업 중 필자가 개인적으로 좋아하는 의식의 성장을 위한
작업입니다.
　특히, 의식의 성장에 도움이 되는 여러 테크닉들 중에서도 필자는 영
혼 통찰기법을 즐겨 사용합니다.

　영혼 통찰은 획일적이었던 의식의 시선과 관점을 확대해주는 효과가
있습니다.
　우리의 의식은 보이는 현실에 너무나 국한되어 있습니다. 감각적인
한계 속에 갇혀서 마치 개미가 2차원의 세상만을 인식하듯이 우리의 현
재의식은 보이는 세상만을 인식하고 바라보게 됩니다.
　하지만 실제로 우리가 원하는 해답들, 인생에서 진정한 주인이 되기
위해 필요한 것들은 정작 현실 속에서는 결코 찾을 수가 없습니다. 다들
아는 것처럼 물질세상을 만들어내는 그 무엇은 보이지 않는 우리의 내
면에 있어왔습니다. 흔히들 인생을 변화시키기 위해 쓰고 있는 테크닉
들조차 이러한 내면, 의식의 힘을 이용한 것들입니다.

　하지만 일생을 보이는 세상 속에 갇혀서 좁혀질 때로 좁혀진 관점과
시각으로 보이지 않는 내면을 이해하고 조절한다는 것은 정말 어렵고
도 와 닿지 않는 과정들일 것입니다.
　좁은 시선으로는 결코 우리의 방대한 내면의 세상을 온전히 볼 수 없

습니다. 굳어진 시선으로는 결코 우리 인생의 진정한 흐름을 제대로 볼 수가 없습니다. 무엇이든 제대로 이해하고 제대로 보여야 해결도 가능한 법인데 말입니다.

최면 중에 할 수 있는 영혼 통찰기법은 이러한 현재의식의 시선과 관점을 확장시킵니다.

필자는 개인적으로 '샌드위치 영혼 통찰'이라고 스스로 이름 붙인 기법을 자주 사용하고 있습니다.

이생을 시작하기 전의 영혼의 입장에서 앞으로 시작될 삶을 바라보고, 반대로 이생을 다 살고 난 후의 영혼의 입장에서 지나온 삶을 바라보는 것입니다.

우리는 한 치 앞만 바라보며 그것이 인생의 한 조각이라는 것조차 인식하지 못한 채 살아왔습니다.

큰 그림을 보게 되면 어두운 부분이 가지는 아름다움이 무엇인지 왜 이 부분에 어두운색이 들어가야 하는지 그리고 최종적으로 각각의 색감들이 모두 조화를 이루어 하나의 멋진 작품을 만들어내고 있다는 것을 알게 됩니다.

하지만 그림에 코를 파묻고 한 조각만 뚫어져라 바라보고 있다면 그것이 가지는 조화로움과 아름다움에 대해서 전혀 이해할 수가 없습니다. 아마 왜 온통 어둡고 칙칙한 색으로만 이루어졌느냐며 불평하게 될 것입니다.

인생의 전체를 바라보게 되면 그 일들이, 그 사건들이, 그 경험들이 사실은 자신에게 얼마나 유리한 일들이었는지를 비로소 알게 됩니다. 전후 사정이 넓게 보여야 그것의 인과관계와 정당성이 이해되는 것입니다.

실제로 대부분의 내담자들의 경우 필자가 특별한 암시를 주지 않아도 영혼의 입장에서 자신의 삶을 넓게 바라보는 것만으로도 스스로에게 필요한 통찰을 다 일으켰습니다.
그렇게 의식의 관점이 넓어지고 확장되는 것만으로도 큰 통찰을 일으키는 효과가 있었습니다.

이생을 시작하기 전의 영혼의 입장에서는 이미 앞으로 시작될 자신의 삶을 다 이해하고 있습니다.
또한, 물질세상에서 벗어나 있는 상태가 되면 물질세상에서는 가질 수 없었던 해방감과 자유로움이 저절로 일어나게 되며, 모든 것을 일시적으로나마 다 내려놓은 상태에서 무엇이 정말 자신에게 소중한지를 진심으로 알게 됩니다.

자신을 일생 괴롭히던 장애도 실은 자신이 직접 선택했음을, 그 어떤 목적을 위해 스스로 기꺼이 그러기를 선택했음을 깨닫게 되는 순간, 그 고통은 사라지게 됩니다.
왜 이런 가족들을 만났는지, 왜 이런 인연들과 함께하게 된 것인지에 대해서도 스스로 그 이유를 알게 됩니다.
실은 그조차 나의 성장을 위해 스스로 선택한 인연이고 스스로 만든 환경이었다는 것을 말입니다.

그리고 그 모든 것들에 대해 허용하고 진심으로 이해하고 받아들일 수 있게 됩니다. 그 모든 것이 이유 없이 일어난 일이 아님을 깨닫게 됩니다.

그리고 이생을 다 살고 난 후의 영혼의 입장에서는 지나온 삶을 돌아보며 다음 생을 계획합니다.

이 부분에서 내가 좀 더 미숙했었고, 이해력이 부족해 많은 시행착오를 겪었음을 스스로 인정하고 다음 생은 더 성장할 수 있도록 다짐합니다. 그리고 그렇게 다짐했던 다음 생은 각성 후의 현실로 이어지는 것입니다.

이렇게 인생이라는 것을 두고 샌드위치로 영혼 통찰을 하고 나면 무엇이든 크게 바라보고 넓게 이해하는 관점이 생겨나게 됩니다.

사소한 것들에 대해서 연연해하지 않게 됩니다. 물질을 놓아버린 후의 그 해방감과 자유로움을 잠시나마 경험해봄으로써 '놓아버림'의 느낌에 조금 더 가까워질 수 있게 되는 것입니다.

물론 이것은 한 번의 세션으로 진행하는 것보다 여러 번을 반복하였을 때 더 큰 효과를 발휘하게 됩니다.

실제로 세션을 진행하다 보면 첫 세션에서 나왔던 메시지들에 비해서 세션이 진행될수록 훨씬 성숙하고 긍정적인 메시지들이 많이 나온다는 것을 종종 확인할 수 있습니다.

정화와 소통이 깊어지면서 통찰력과 이해력 또한 깊어진 것입니다.

다음은 부모의 학대로 불우한 어린 시절을 보내고 현재 남편과의 갈등으로 힘들어하고 있었던 한 내담자의 영혼 통찰 작업 중의 일부 내용입니다.

"이제 조금의 시간이 지나면 새로운 삶으로 시작하셔야 된다는 것을 아시나요?"

"네…. 잘 알아요. 오랫동안 준비해왔는걸요."

"당신은 어떤 삶을 살아가게 되나요?"

"나는 용서하는 삶을 살아가게 될 거예요. 용서라는 것은 정말 아름다운 행위죠. 나는 이 삶에서 그 아름다운 감정을 진정으로 체험해볼 겁니다. 그러려면 용서해야 할 사람들이 필요해요. 그래서 저는 기꺼이 저를 괴롭히는 사람들을 만나게 되어있어요. 괜찮아요. 그것 또한 저를 위한 과정이니까요. 저는 그들을 용서하면서 아름답고 크게 진화할 겁니다.

그것은 대단한 체험이 될 거예요."

"지금의 그 통찰과 이해력을 그대로 가지고 저 삶으로 들어갈 수 있으시겠습니까? 제가 도와드릴 수 있습니다. 그리고 그 통찰의 기억은 당신의 삶이 진행되는 내내 당신을 더욱 밝게 이끌어줄 것입니다."

이생을 마친 후의 영혼 통찰 작업 중 일부 내용입니다.

"수고 많으셨습니다. 우선 밝은 빛 아래에서 지친 에너지를 완전히 충전하시기 바랍니다. 당신은 어떤 인생을 살고 오셨나요? 혹시 후회되는 부분은 없나요?"

"아니요…. 후회는 없어요. 저는 용서를 위한 삶을 선택했고 그것을 훌륭히 해냈습니다. 그리고 저는 크게 성장했습니다."

"네. 축하드립니다. 그럼 다음 생은 어떻게 살고 싶으신가요?"

"음…. 지난 생은 용서하는데 많은 에너지를 썼습니다. 다음 생은 좀 더 즐겁고 여유롭게 살아보고 싶습니다."

"네. 당신은 충분히 그럴 자격이 있습니다. 이제 앞으로 체험하실 삶은 즐겁고 여유로울 겁니다!"

그렇게 여유롭고 즐거운 다음 생은 그 내담자의 남은 인생으로 고스란히 이어질 것입니다.

찰리 채플린이 이런 말을 했다고 합니다.

"인생은 가까이서 보면 비극이고 멀리서 보면 희극이다."

찰리 채플린이 이 말을 남긴 이유는, 남들 앞에서는 누구보다 즐거운 연기를 하면서 실제로는 지독히도 비극적인 삶을 살았던 자신의 인생을 두고, 보이는 타인의 인생이 다 좋아 보여도, 결국은 가까이서 보면 다들 비극 속에서 살고 있다는 것을 표현하기 위함이었다고 합니다. 그런데 저는 이 말을 다르게 해석하고 싶습니다.

무엇이든 그 속에 빠져 있으면 진짜 그것의 모습을 볼 수가 없습니다. 인생의 한 조각만으로는 비극으로 보일 수도 있습니다.

하지만 그 속에서 빠져나와서 그것의 전체 모습을 보게 되면 비로소 그것이 가지는 진짜 아름다움을 볼 수 있게 됩니다.

아름다운 작품처럼 말입니다.

그래서 우리의 인생 또한 멀리서 바라볼 때 희극으로 보일 수 있습니다. 비극적인 인생이란 애초에 없을지도 모릅니다. 모든 인생의 전체 그림은 아름답습니다.

❖ 최면과 시각화

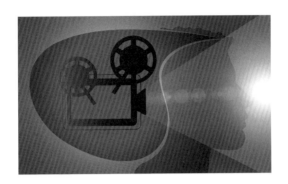

우리의 뇌는 현실과 상상을 구분하지 못한다고 합니다. 또한, 현실과 생각의 경계를 명확하게 인식하지 못합니다.

뇌는 우리가 생생하게 하는 상상을 실제 현실이라고 받아들이며 우리가 반복적으로 빠져 있고 집중하고 있는 하나의 생각을 실제 현실이라고 단정을 지어 버립니다.

이렇게 뇌가 '이것은 현실이야. 이것은 사실이야.'라고 단정 짓는 순간, 그것에 관련된 하나의 신경망이 실제로 만들어지게 됩니다.

정말 그 무엇이 나의 완전한 일부로 자리 잡게 되는 것입니다.

사고로 팔을 잃게 되었을 때 어쩔 수 없이 팔이 없는 인생을 살아야 하는 것처럼 하나의 신경망이 형성되어지고 나면 어쩔 수 없이 그 신경망에 관련된 인생을 살아야 합니다.

그것이 어떤 자극에 의해 소멸되어지지 않는 한 말입니다.

≪내 인생의 호오포노포노 : 천사들이 들려주는 이야기≫에서는 정화와 소통이라는 관점에서 시각화에 대해서 설명했었습니다.

이번 책에서는 우리의 의식과 뇌의 관점에서 시각화를 설명하고자 합니다.

우리가 흔히들 알고 있는 시각화의 원리는 뇌의 관점에서 보면 뇌를 속이는 것입니다.

생생하게 상상함으로써 마치 그것이 실제로 일어나고 있는 일인 것처럼 뇌를 속이는 것입니다.

그럴 때 뇌는 '아… 이것이 실제로 일어나고 있구나. 이게 현실이구나. 이것은 나의 인생에 당연한 사실이구나.'라고 단정 지어 버립니다. 그리고 그것에 관련된 신경망이 구축되게 되고 그것은 곧 나의 완전한 일부가 되어 내 인생에 반영되게 됩니다.

여기서 핵심은 완벽하게 뇌를 속일 수 있을 정도로 생생한 상상을 할 수 있느냐에 있습니다.

우리가 아무리 멋진 상상을 하려고 해도 그것에 반대되는 신념이 내면에 존재하고 있다면 집중하기가 어려워집니다.

예를 들어서 세계 일주를 하고 있는 내 모습을 상상한다고 가정해봅시다. 나는 그것에 폭 빠져서 상상을 하려고 하지만 사실 의식 한편에서는 끊임없이 이런저런 생각들과 감정들이 올라옵니다.

'회사는 어떻게 하고 갈 거야? 그만둔다고? 말도 안 돼. 그럼 누가 돈을 벌어서 가족들 먹여 살려? 그리고 회사를 그만둔다고 하더라도 무슨 돈이 있어서 세계 일주야? 아마 와이프가 허락하지도 않을걸.'

의식의 비판력이 끊임없이 집중을 방해할 것입니다.

내 표면의식을 잘 속였다 하더라도, 실제 그 표면 아래에는 여전히 그 것에 대한 의심과 지금 이 현실에 대한 불만족의 감정들이 나의 뇌를 속 이지 못하도록 방해하고 있을 것입니다.

최면 중 이완상태는 이러한 문제를 극복할 수 있도록 도와줍니다.

앞서 설명한 것처럼 최면상태에서의 현재의식은 이완되어있습니다. 이런 상태의 현재의식은 심층의식으로부터 올라올 수 있는 시각화에 방해를 일으킬 수 있는 분석적인 생각과 감정들 그리고 비판력으로부 터 한결 자유로워질 수 있습니다.

이렇게 최면 중 이완상태에서의 시각화는 각성상태에서 하는 시각화 에 비해 훨씬 더 효율적일 수 있습니다.

실제로 최면세션 중에 진행했던 시각화가 현실이 되었던 사례들이 있 습니다.

필자의 딸의 경우, 태권도를 한창 배우고 있던 중 검은 띠를 따기 위 한 심사에 참가할 일이 있었습니다.

심사에 통과되기 위해서는 한 달가량의 연습시간이 있었어야 했는데, 하필 그 시기에 발목을 다치는 바람에 전혀 연습에 참여하지 못하게 되 었습니다.

태권도 관장님이 하시는 말이 이 상태로는 100% 떨어질 수밖에 없다, 하지만 참가비가 환불이 안 되니 경험 삼아 해보라는 것입니다. 저 또한 마음을 비웠습니다.

하지만 딸은 전혀 연습이 안되어 있는 상태에서 심사를 보러 가는 것에 대해서 상당한 부담감과 두려움을 느끼고 있었습니다. 그래서 함께 최면작업을 하기로 했습니다.

며칠 뒤에 있을 심사에서 떨지 않고 아주 만족스럽게 잘 해내는 장면을 여러 번 반복해서 시각화해주었습니다.

그리고 심사가 있던 날 오후, 관장님이 전화를 하셔서는 흥분된 목소리로 말 하시는 겁니다.

"어떻게 이럴 수가 있죠! 참가했던 50명 중에 상위권으로 통과되었습니다!"

또한, 딸의 학교 시험이 있을 때, 시험에서 실수 없이 좋은 결과를 받는 시각화를 몇 번 해준 적이 있었습니다. 정말 신기했던 것은 시각화를 해준 5번의 경우 모두 전 과목 만점을 받았다는 것입니다.

생생한 상상이 뇌를 완벽하게 속이고 그것을 사실로 받아들이게 한 것입니다.

물론 최면상태에서 하는 시각화라고 해서 모두 효과가 좋은 것은 아닙니다.

아무리 깊은 이완의 상태에서 시각화를 하더라도 뿌리 깊은 심층자원이 그것을 방해하고 있다면, 그것은 상당히 많은 반복을 필요로 하거나 아니면 결국은 이루어지지 않을 수도 있습니다.

또한, 잠재의식이 활성화되어 있을 경우, 그것이 우리에게 유리하지 않은 것이라면 이루어지지 않을 수도 있습니다. 우리의 잠재의식은 늘 우리의 인생을 유리하게 이끌기 위해 노력하고 있으니 말입니다.

어찌 되었든 각성상태에서보다 최면상태에서 하는 시각화가 여러 가지 면에서 효율적인 것은 사실입니다.

우리 의식의 비판력과 신념의 벽을 넘어서게 해주는 반복의 횟수 측면에서도 훨씬 유리할 수 있으며 생생하고 디테일하게 상상하는 면에서도 훨씬 수월할 수 있습니다.

최면이 가지는 매력 중 한 가지를 말하라고 한다면 필자는 자유로운 시간여행을 꼽을 것입니다.

최면은 내면의 체험입니다. 우리의 내면에서는 불가능한 체험이라는 것이 없습니다. 상상의 세계에 한계가 없듯이 말입니다.

최면을 진행하게 되면 현실적인 특정 문제와 연관되어 있는 과거의 기억으로 역행하기도 하고 심지어는 이생을 시작하기 전 영혼의 상태로도 역행해 가기도 합니다.

또한, 앞으로 있을 미래의 어느 한 시점으로 나아가기도 하며 이생의 마지막 임종의 순간으로도 여행할 수가 있습니다.

물론 이것은 실제적인 체험이 아니라 어디까지나 내면에서 일어나는 주관적인 체험들입니다.

또한, 최면 중에 올라오는 전생의 기억이란 것도 대부분은 수많은 심층의식 속의 기억이나 정보들에 의해 왜곡되어진 주관적인 체험일 확률이 높습니다.

내담자가 최면 중에 하는 경험들과 기억들에 대해 필자는 그 사실 여부에 관심을 가지지 않습니다. 어차피 그것이 작화되어진 것인지, 실제의 기억인지 그 어떤 누구도 명확하게 밝힐 수 없기 때문입니다.

필자가 최면을 유도하는 입장에서 중요하게 여기는 것은 내담자의 체험이나 기억들의 사실 여부를 떠나 어찌 되었든 현재 내담자의 인생에 영향을 주고 있는 자원을 표면으로 이끌어내어 정화를 한다는 것입니다. 왜곡되어진 기억이든 신념이든 그 사람의 인생을 형성시키는 데 있어 많은 영향을 주고 있는 부분임을 인정하는 것입니다.

과거의 시점에서 하는 체험은 현재의 시점에서 일어나고 있는 현상들에 영향을 주고 있는 단서가 될 수 있고, 미래의 시점에서 하는 체험은 현재의 시점에서 가지고 있는 그 신념(의도)이 앞으로 어떤 종류의 일들을 창조할 것인지에 대한 단서가 될 수 있습니다.

과거의 기억과 신념이 지금의 현실을 만들어내었고 또한 지금 현재 가지고 있는 신념과 의도가 미래를 만들어낼 것이기 때문입니다.

다시 말해 과거의 기억을 정화하게 되면 그것에 연결되어 돌아가고 있었던 현실의 부분들도 변화되기 시작하고, 현실의 신념을 바꾸어주게 되면 그것에 연결되어있던 미래의 한 부분도 변화되기 시작합니다.

현재의 신념이 부정적인 것이라면 그 사람의 미래체험에서 또한 대부분 부정적인 장면들이 나타납니다.

그리고 세션을 통해 현재의 신념을 긍정적으로 바꾸어주게 되면 미래의 체험 또한 긍정적으로 변화되어 나타난다는 것을 확인할 수 있습니다.

왜곡된 성적환상을 가지고 있었던 한 남자 내담자의 경우, 미래체험을 해보니 모든 사람들에게 손가락질을 받으며 사회에서 고립되어져서 혼자 외롭게 늙어가는 장면이 나왔습니다.

그리고 몇 번의 세션을 거쳐 정화작업을 한 후에 다시 체험한 미래에서는 사랑하는 여자와 결혼해서 아이들을 낳고 행복하게 사는 장면이 나왔습니다.

또 유년시절 어머니의 빈자리를 체험하며 외롭게 자란 한 내담자는 임종체험에서 혼자 쓸쓸히 죽음을 맞이하며 외로움과 두려움에 오열을 터트렸습니다.

하지만 세션 후 다시 체험한 임종체험에서는 일생을 함께한 사랑하는 배우자와 손을 꼭 잡고 함께 의지하며 편안하게 죽음을 맞이하고 있었습니다.

여기서 중요한 것은 필자가 긍정적인 미래를 암시로 이끌어준 것이 아니라 내담자 스스로가 만든 미래라는 것입니다.

현재의 신념이 변화하면서 그 사람 내면에서 스스로 긍정적인 미래를 만들어낸 것입니다.

물론 이런 체험들이 실제 미래가 될지는 아무도 모를 일입니다.
다만 확실한 것은 현재를 바라보는 의도가 긍정적으로 바뀌게 되면 미래 또한 긍정적으로 바뀌게 된다는 것입니다.
우리는 현재를 바라보는 것이 아닙니다.
우리가 지금 바라보는 초점과 의도가 바로 나의 내일이고 미래입니다.
그래서 지금… 지금 이 순간의 나의 상태가 가장 중요한 것입니다.

지금 이 순간 여러분은 심층의식 속의 기억을 바라보고 계십니까?
아니면 잠재의식의 영감 속에서 바라보고 계십니까?
지금 이 순간 여러분은 부정적인 시선으로 세상을 바라보고 계십니까?
아니면 긍정적인 시선으로 세상을 바로 보고 계십니까?
지금 그 세상이 바로 여러분의 미래입니다.

(이 책에 소개된 최면에 관한 내용들은 일반인들을 위해 약식으로 표현된 것들입니다. 최면에 대한 전문적인 이해를 얻고자 하시는 분이 계신다면 ≪의식을 여는 마스터키, 최면≫이라는 책을 참고하시기 바랍니다)

그들이 들려주는 이야기 2

(정화의 의미 - 김성현님)

지금 이곳에, 여행을 떠나는 한 아이와 엄마가 있습니다.

그런데 아이는 당연하다는 듯이 눈을 감고 두 손으로는 귀를 막은 채로 여행을 떠나기 시작했습니다. 언제든지 마음만 먹으면 눈도 뜰 수 있고 귀도 들을 수 있었음에도 불구하고 말이죠.

옆에 있는 엄마는 언제나 "눈을 떠보렴, 소리를 들어보렴."이라고 말을 해주었지만 아이는 엄마의 말을 들을 수가 없었습니다. 아무리 옆에서 도와준다고 한들 스스로 깨닫지 않는다면 이 아이는 눈을 뜨는 법도, 귀를 여는 법도 온전히 터득할 수 없음을 엄마는 알고 있기에 그저 그 아이의 선택을 존중해주고 있을 수밖에 없었습니다.

언젠가는 아이 스스로 밝은 세상을 보고 아름다운 소리를 들을 수 있을 거라는 믿음으로 응원해주고, 듣건 듣지 않건 언제나 늘 올바른 길을 이야기해주며 아이의 여행길에 그렇게 엄마는 늘 함께해왔습니다.

여행 도중 돌부리에 넘어지고 물에 빠져 허우적거리기를 수천 번, 그런 상황들이 귀를 막고 있던 아이의 손을 점점 벌어지게 했습니다. 그리고 작은 틈 사이로 엄마의 음성이 들려왔습니다. 미약하게나마 들려오는 그 음성을 통해서 아이는 귀를 막았던 손을 내려놓는 것이 얼마나 자연스러운 것인지를, 그리고 눈을 그저 뜨기만 하면 아름다운 세상을 마음껏 자유롭게 볼 수 있다는 사실을 알게 되었습니다.

마침내 더 이상 돌부리에 걸려 넘어지지도, 물속에서 허우적거릴 일도 없이 엄마와 함께 비로소 온전하고 행복한 여행을 떠날 수 있게 되었습니다.

제 잠재의식의 이름은 '안녕'입니다.

잠재의식에게 이름을 정해주고 싶었으나 마땅한 이름이 떠오르지 않던 중, 핑크돌고래님의 워크샵을 들으면서 '너를 부를 수 있는 좋은 이름이 있으면 알려줘.'라고 질문을 던져놓았습니다.

집에 돌아오니 문득 제 잠재의식이 "하늘에 떠 있는 달을 사람들이 '달'이라고 하든, 'Moon'이라고 하든 어차피 달은 달이야. 고민할 필요 없어."라는 말을 해주는 것 같았습니다. 그리고는 워크샵 중간에 강렬하고 선명하게 들려왔던 '안녕~'이라는 말이 떠올랐습니다.

누군가를 만날 때도 "안녕~", 헤어질 때도 "안녕~"이라는 말을 하는 것처럼, 우리의 삶이라는 '여행의 끝' 역시 다른 말로는 '새로운 시작'이기에, '안녕'이라는 말에는 시작과 끝이 함께 있는 단어이기도 합니다. 그리고 이 단어의 사전적 정의가 '아무 탈 없이 편안함'이라는 걸 알고서는 너무 좋은 이름이라는 생각이 들었습니다. 아름다운 진짜 세상을 보고 듣는다면 정말로 아무 탈 없이 편안할 수밖에요.

호오포노포노를 알게 되고 정화한 지 얼마 되지 않은 무렵, 같은 직장 부서 내의 선배가 어느 날 너무나도 갑작스럽게 제게 라섹 수술을 같이 할 생각이 없는지에 대해 물었습니다.

저는 어릴 때부터 시력이 매우 안 좋아서 안경을 쓰고 생활을 했었는데, 안경을 쓰지 않은 생활이 상상조차 되지 않았었습니다. 당시 저는 수술할 돈도 없었고 그것에 대해 생각조차도 해보지 않았었지만, 그 선배의 제안이 있은 후 마치 수술을 하는 게 당연하다는 듯이 병원에 가서 상담을 받게 되었습니다.

몇 가지 검사 후, 선생님은 제 시력이 워낙 좋지 않아 수술하게 되더라도 시력이 크게 좋아질 가능성은 없다고 하셨지만, 그 말씀이 크게 받아들여지지는 않았습니다. 정확하게는 별생각이 없었습니다.

그날 저녁, 친한 친구와 술자리를 가졌는데 친구가 먼저 라섹에 대한 이야기를 꺼냈고 자연스레 제 이야기를 하던 와중에 친구가 본인의 신용카드를 빌려줄 테니 한번 해보라고 하는 것입니다. 그렇게 수술비까지 해결되어 라섹을 할 수 있게 되었고, 수술 후 저와 함께 병원에 가주었던 다른 친구는 집까지 편하게 저를 데려다주었습니다.

나중에 알게 된 사실이지만 제가 어떤 정보도 없이 쉽게 선택했던 그 병원이 알고 보니 제가 있는 지역에서 라섹으로 가장 유명한 곳이었습니다. 수술 후 시력 또한 의사 선생님께서 의아하게 생각하실 정도로 말도 안되게 좋아져서 더 이상 안경을 사용할 일도, 부작용도 생기지 않았습니다.

이 일을 계기로 정화를 할 때 나에게 필요한 사건이라면, 모든 일들이 최고의 순간에 자연스럽게 나타나고 흘러가게 된다는 걸 어렴풋이 알게 되기 시작했던 것 같습니다.

그리고 몇 년 전 아버지께서 갑자기 쓰러지신 적이 있었습니다. 아버지는 병원에 입원을 하셨고, 심층의식 속에서 올라오는 감정들이 복잡하게 뒤엉켜가는 과정에서 저는 다시 정화를 하게 되었습니다.

그동안은 정화를 해야 한다는 사실조차 잊어버릴 때가 많았고, 알면서도 하지 않게 되는 순간들이 많았습니다. 하지만 그 당시에는 제가 할 수 있는 게 정화뿐이었고 그저 '미안합니다. 용서하세요. 감사합니다. 사랑합니다.'라는 말만 머릿속에서 계속해서 되뇌었습니다.

그렇게 지내기를 며칠째, 정화의 힘이었는지는 몰라도 어느 순간부터 마음이 편안해졌습니다. '그저 흘러가는 대로 모든 일들은 순탄하게 지나갈 것'이라는 느낌에 다시금 편안하게 정화에만 집중했습니다. 그 후 다행히도 의사 선생님께서는 아버지의 상태를 두고 천운이라고 하셨고 아버지는 곧 퇴원을 하시게 되었습니다. 약은 평생 복용해야 한다고 하셨는데 통원치료를 다니시던 어느 날, "더 이상 약을 복용하지 않으셔도 된다."라는 말씀까지 듣게 되었습니다.

그 후로도 저는 여전히 많은 돌부리에 넘어지고, 물속에 빠져 허우적대기도 했습니다.

그때 당시 특히, 남들처럼 평생 직장생활만 하면서 이 인생을 보내버린다면 먼 훗날 많은 후회와 회의감에 둘러싸여 버릴지도 모른다는 생각이 너무나도 커다란 무게로 저를 덮치고 있었습니다.

제 잠재의식은 그런 저를 위해 국내에 절판된 호오포노포노 책까지 모두 제 앞에 가져다주었지만, 정화를 하면서 겪었던 위의 경험들로 인해 '정화를 하면 좋게 변할 거야, 정화를 하면 내가 원하는 것을 가질 수 있을 거야.'라는 식의 기대감이 실려 버린 정화는 갈수록 너무 무겁고 실천하기 힘들게만 느껴졌습니다.

더 이상 진전도 없고, 정화에 대한 오해만 쌓여가던 중에 어느 날 '천사들이 들려주는 이야기'가 제게 찾아왔습니다.

천사들이 들려주는 이야기를 읽으면서, 핑크돌고래님께 제가 가지고 있던 고민을 쪽지로 보냈습니다.

그리고 핑크돌고래님께서는 **"소리 없이 식물이 자라고 꽃이 피듯, 정화되어진 내 모습 또한 소리 없이 변해가고 거기에 맞는 인생으로 점점 가게 될 것"**이라고 말씀을 해주셨습니다. **"차오르는 느낌이 터질 때 몸도 움직여질 것"**이라는 말씀도 함께 말이에요.

그 이후로 다시 정화를 했습니다. 지금 생각해보면 한결 가벼워진 정화였습니다.

우선은 내 앞에 펼쳐지는 상황들부터 정화를 해보기로 했습니다. 다니는 회사를 바라보며 '그동안 얼마나 많은 사람들의 생각들이 너를 힘들게 했을까…. 미안해. 용서해줘. 고마워. 사랑해.'라고 정화를 하기도 하고, 회사에 다니며 올라오는 생각과 감정들과 고민들, '지금 내가 이 회사를 계속 다녀야 할까? 내가 진정으로 하고 싶고 원하는 것은 무엇일까?' 등의 질문들 속에서 답답함이 밀려오면 그 감정도 정화를 하고, '내 안에 있는 정화 할 자원을 보여주어서 고맙다.'라고 이야기도 하면서 지냈습니다.

시간이 지나고 보니 어느 순간 저는 제가 다니던 직장에서 전례가 없었던 최연소 팀장이 되어 있었습니다. 너무나도 갑작스럽고 신기한 타이밍에 말입니다.

그러던 와중에 자연스럽게 최면교육을 받고 싶은 욕구가 계속해서 올라왔습니다. 당시 저는 금전적인 여유와 더불어 회사생활의 패턴까지도 일반적인 직장인들과는 달랐기 때문에 시간적인 여유도 없는 상황이었습니다.

그렇게 올라오는 심층을 바라보며 그저 정화해보기로 했습니다. '만약 내가 이걸 배워야 한다면, 때가 될 때 최고의 타이밍에 최고의 순간으로 진행되겠지.'라는 느낌마저도 정화했습니다. 물론 쉽게 되지는 않았습니다. 중간중간 기대하는 마음도 올라오고, 그로 인한 무거운 정화도 하면서 좌절의 시간도 다시 겪었습니다.

그렇게 꾸준히 정화를 하며 몇 달이 지난 후, 제게는 이전보다 금전적인 여유와 시간적인 여유가 정말 생기게 되었고 원하던 최면교육을 받을 수 있게 되었습니다. 그리고 즐겁게 최면교육을 받게 되면서 자연스럽게 직장도 그만두게 되었습니다.

저를 대신할 수 있는 팀장자격이 되는 인원이 없으면 일을 그만둘 수 없었는데, 마침 딱 한 명의 직원이 대신할 수 있었습니다.

또한, 교육을 받던 중에 문동규 원장님(ABH 현대최면 마스터 트레이너)으로부터 핑크돌고래님의 워크샵이 시작된다는 반가운 소식도 들을 수 있었습니다.

온라인상으로만 소통할 수 있었던 핑크돌고래님을 직접 만날 수 있다는 것도 정화와 소통에 대해 더 자세히 알 수 있는 기회가 생긴 것도 저에게는 너무나 신기하고 기쁜 일이었습니다.

워크샵 당일 아침, 저는 집에서 나오자마자 잠재의식에게 말도 안 되는 부탁을 했습니다.

'내가 아직 너를 잘 느끼지는 못하지만 횡단보도를 건널 상황에서 걸음을 멈출 일 없이 지나갈 수 있다면, 너를 조금은 더 잘 알 수 있을 것 같아.'라고 말입니다.

그렇게 두 번의 횡단보도를 건너는 동안 신호등은 제 눈앞에서 초록불로 바뀌었습니다.

그리고 스마트 폰의 지도 어플을 보며 워크샵 장소를 찾아갔는데, 지도에는 명시되어 있으나 지금은 없어진 상호들이 있었음에도 불구하고 헤매는 일 없이 '이 골목이야.'라는 내면의 안내에 따라 제시간에 잘 도착하게 되었습니다.

워크샵을 들으면서 개인적으로 느낀 것은 정화의 시행착오를 겪지 않았다면 핑크돌고래님의 선물과도 같은 메시지들을 알아차리지도, 받아들이지도 못했을 수도 있었겠다는 것이었습니다. 그랬다면 예전처럼 정화의 중요성을 크게 깨닫지 못해서 정화를 더 이상 하지 않았거나 아니면 이전처럼 지쳐서 쉽게 그만두었을 것 같습니다.

제 안의 잠재의식인 '안녕'이 다시금 저를 위해 힘내자고, 다시 할 수 있다며 안내를 해준 것 같습니다.

그리고 고민에 대한 해답을 외부에서 찾지 말아야 한다는 것과 그저 눈앞에 보이는 내 안의 자원을 기대 없는 가벼운 마음으로 정화를 하다 보면 어느 순간 자연스럽게 현실 앞에 해결책을 내놓게 된다는 것을 또 다시 알게 되었습니다.

해답을 외부에서만 찾게 된다면 내 눈 앞에 펼쳐진 정화할 자원들에게 또 다른 고민들을 만들어놓고 같은 씨앗을 심는 행동이라고 생각합니다. 눈을 감아야만 돌부리에 넘어지지 않을 거라고 생각하는 것처럼 말이죠. '내 삶은 패키지 여행이 아니라 진짜 나를 위한 맞춤 여행이고, 언제나 옆에는 잠재의식이 여행 가이드처럼 나를 위해 안내해주고 있었는데 지금까지 잘 알지 못했다.'라는 것 역시 비로소 느낄 수 있게 되었습니다.

덧붙여 말씀드리자면, 저는 의식에 의한 선택과 영감에 의한 선택을 쉽게 구분할 수 있는 사람이 아닙니다.

하지만 확실한 것은 영감에 의한 선택은 시간이 지나 뒤돌아볼 때 언제나 그 선택에 후회가 없다는 것입니다. 그리고 너무나도 자연스럽게 일들이 진행된다는 것도요.

제가 만약 위에 말씀드렸던 고민에 대한 해답들을 외부에서만 찾으려 하고, 정화하지 않았다면 지금까지 아무것도 하지 못했거나 후회할 다른 선택들을 했을지도 모릅니다.

정화는 삶이라는 여행길에 우리의 눈을 뜨게 해주고, 귀를 막은 손을 내려놓게 해주는 것이라고 생각합니다.

평생 감고 있던 눈을 이제 막 뜨기 시작한다면, 빛나는 햇살로 인해 세상의 아름다움을 바로 볼 수는 없을 것입니다. 그리고 아무 소리도 들지 못하던 사람이 소리를 듣게 된다면 처음에는 혼란스러울 것입니다. 제게 있어 진짜 여행은 이제 시작인 것 같습니다. 눈과 귀가 적응이 되면 진정한 색깔로 세상을 볼 수 있고 들을 수 있는 것처럼, 저 역시 이제 서서히 그리고 천천히 적응되어가는 과정에 있으니까요. 꾸준한 정화로 적응이 된다면 진정한 세상을 온전히 볼 수도, 소통도 더욱 원활히 할 수 있을 것입니다.

누구나 인생에 시련은 찾아옵니다. 하지만 그것은 시련이라고 생각할 때에만 시련이 아닐까요?

'시련'이란, '정화할 수 있는 기회'의 다른 이름이라고 생각합니다. 하지만 시련만이 정화의 유일한 기회는 아닙니다. 다만 '더 많이 정화할 수 있는 기회 또는 더 알아차리고 정화할 수 있는 기회'라고 생각합니다. 정화만큼 간단하고 쉬운 일이 또 있을까요?

정화를 중간에 그만두었다는 죄책감을 가질 필요는 없습니다. 그마저도 정화하고, 다시 시작하면 됩니다. 그뿐입니다. 그러다 보면 눈앞의 상황에 더 이상 휘둘리지 않고, 삶이라는 여행이 더욱더 풍요로워지고 있다는 것을 어느 순간 느낄 수 있을 것입니다.

에필로그

어렸을 적 인상 깊게 들었던 전설 이야기가 하나 있습니다.

온 세상을 떠돌며 아름다운 곳을 찾아 헤맸던 '소금인형'에 관한 이야기입니다.

전 세계를 다 돌아다녔지만, 마음에 드는 곳을 발견하지 못하고 지쳐 가던 소금인형이 마지막으로 힘든 몸을 이끌고 도착한 그곳은 정말 말로 표현할 수 없는 아름다운 곳이었습니다.

소금인형이 지금까지 찾아 헤맸던 그 아름다운 곳….

눈부시게 푸른빛으로 반짝이고 끝도 없이 하늘 아래 펼쳐진 광활한 물가….

"너무나 아름다워!! 내가 바로 찾던 곳이야! 넌 누구니?"

"날 알고 싶다면 직접 느껴봐. 말로는 설명할 수가 없단다."

그래서 소금인형은 그 존재를 느껴보기 위해 물속에 자신의 발을 살짝 넣어봤습니다.

그러자 발이 사르르 녹아내리고, 화들짝 놀라 몸을 뺀 소금인형은 다시 답답한 듯 묻습니다.

"모르겠어…. 넌 도대체 누구니?"

"나는 말로 설명할 수도, 머리로 이해할 수도 없단다. 직접 느껴봐."

다시 소금인형은 용기 내어 몸을 살짝 담가봅니다.

이번에도 몸이 사르르 녹아내리고….

"정말 정말 모르겠어. 넌 누구니?"

"두려워하지 말고 느껴봐. 괜찮아."

그렇게 조금씩, 조금씩 자신의 몸을 담가 보던 소금인형은….

마침내 마지막 남은 몸의 일부까지 물속에 사르르 녹아들어 가며 말합니다.

"아…. 이제 알겠어. 넌 바로 나야."

그렇게 탄생한 것이 바다랍니다.

저의 잠재의식인 '케오라'의 존재는 광활한 물입니다.

늘 푸르게 빛나고 끝도 없이 넓고 넓은 존재입니다.

그 넓은 곳에는 무한한 지혜와 영감이 가득 차 있습니다.

그 물은 너무나 맑고 맑아서 모든 것을 깨끗하게 정화합니다.

그리고 저의 표면적인 현재의식은 '소금인형'이었습니다.

호기심이 많아 늘 이곳저곳 떠돌며 보고 듣고 분석하고 비판하기 좋아하는 소금인형이었습니다.

그렇게 오랜 세월, 정처 없이 떠돌며 비판하고 분석하던 제 현재의식이 서서히 지쳐갈 무렵, 보는 것만으로도 모든 것이 정화될 것만 같은 엄청나게 넓고 푸른 물가에 다다르게 된 것입니다.

저는 제 내면의 광활하고 맑은 곳을 향해 몇 년을 묻고 또 물었습니다.
소금인형처럼 말입니다.
"너는 누구니? 이렇게 묻고 있는 나는 누구지? 넌 도대체 뭐야?"
그러다가 어느 날 자연스럽게 알게 되었습니다.
"넌 바로 나구나!"

물과 소금이 만나서 바다가 되었듯 저와 저의 잠재의식인 '케오라'가
교감을 하기 시작하면서 저의 인생은 거대한 바다가 되었습니다.

늘 작고 초라하기만 했던 저라는 사람이 저의 잠재의식과 함께하게
되면서 저의 진짜 가치를 알게 되었습니다.
그 빛으로 가득한 무한한 부분이 사실은 작고 초라하다고 믿고 살아
왔던 저의 진짜 모습이라는 것을 말입니다.

끝을 알 수 없는 우주 속에서, 손에 잡히지 않는 추상적인 인생 속에
서, 물질의 모습으로 존재하고 있는 우리는 티끌 같은 존재일 수밖에 없
습니다.
정처 없이 떠돌다가 바람 불면 사라지게 되는….

하지만 잠재의식과 함께하는 우리는 우주 그 자체이며 인생 그 이상
의 존재입니다.
그럴 때 우리는 비로소 알게 됩니다.
인생… 결코 어렵지 않다는 것을 말입니다.

감사합니다. 사랑합니다.

❘ 함께하면 좋은 책

천사들이 들려주는 이야기
내 인생의 호오포노포노
이영현 지음 | 216쪽 | 13,000원

자녀를 사랑하는 부모들을 위한 정화
내 아이를 위한 정화
이영현 지음 | 160쪽 | 11,500원

천사들이 들려주는 이야기 세 번째 시리즈
나는 왜 호오포노포노가 안 되는 걸까?
이영현 지음 | 224쪽 | 13,000원

메즈머리즘에서 울트라 뎁스® 까지
의식을 여는 마스터키, 최면
문동규 지음 | 308쪽 | 15,000원